Mit siebzehn Jahren verliebt sich Edna Akin aus Arkansas in Parker Ford, einen Jungen vom Land mit den durchscheinend hellblauen Ford-Augen. Sie heiraten und beginnen ein Nomadenleben in den Südstaaten Amerikas – Parker arbeitet als Handlungsreisender. Die 30er Jahre ziehen vorbei wie ein langes Wochenende, gemeinsam legen sie ungezählte Meilen zurück, trinken Cocktails, und bewohnen ein Hotelzimmer nach dem anderen: New Orleans, Texarkana, Memphis. Sie genießen es, der Enge ihrer Herkunft entkommen zu sein. Die Geborgenheit, die es in ihrer Welt nicht gibt, finden sie beieinander. Dann kommt ein einziges spätes Kind zur Welt – und alles ändert sich. In ›Zwischen ihnen‹ ergründet Richard Ford, wie sich die Sicht eines Kindes auf die eigenen Eltern verändert, welche Rolle Verlust und Hingabe dabei spielen.

Richard Ford wurde 1944 in Jackson, Mississippi, geboren und lebt heute in Maine. Er hat Romane sowie Novellen, Kurzgeschichten und Essays veröffentlicht. 1996 erhielt er für ›Unabhängigkeitstag‹ sowohl den Pulitzer Prize als auch den PEN/Faulkner Award. 2018 wurde er mit dem Siegfried-Lenz-Preis ausgezeichnet.

Richard Ford

Zwischen ihnen

Erinnerungen an meine Eltern

Aus dem amerikanischen Englisch
von Frank Heibert

Ausführliche Informationen über

unsere Autoren und Bücher

www.dtv.de

2019 dtv Verlagsgesellschaft mbH & Co. KG, München
Lizenzausgabe mit Genehmigung von Hanser Berlin
in der Carl Hanser Verlag GmbH & Co. KG, München
© Hanser Berlin im Carl Hanser Verlag München 2017
Die Originalausgabe erschien 2017 unter dem Titel
›Between Them. Remembering My Parents‹
bei HarperCollins in New York.
© Richard Ford 2017
Umschlaggestaltung: dtv unter Verwendung eines Fotos
aus dem Privatbesitz des Autors
Satz: C.H.Beck.Media.Solutions, Nördlingen
(Satz nach einer Vorlage des Carl Hanser Verlag)
Druck und Bindung: Druckerei C.H.Beck, Nördlingen
Gedruckt auf säurefreiem, chlorfrei gebleichtem Papier
Printed in Germany · ISBN 978-3-423-14702-6

Kristina

Vorbemerkung des Autors

Beim Schreiben dieser Erinnerungen – mit dreißig Jahren Abstand – habe ich einige Unstimmigkeiten zwischen beiden Teilen bestehen lassen und mir auch erlaubt, einige Ereignisse erneut zu erzählen. Damit hoffe ich den Lesern zu zeigen, dass ich von zwei sehr unterschiedlichen Menschen erzogen wurde, deren verschiedene Perspektiven mich prägten, die sich bemühten, ihr Handeln aufeinander abzustimmen, und durch deren Augen, seine wie ihre, ich die Welt zu sehen versuchte. Einen Sohn lebendig bis ins Erwachsenenalter zu bringen muss Eltern manchmal vorkommen wie ein zähes Wiederholungstraining, ein oftmals vergebliches, aber liebevolles Bemühen um Beständigkeit. Das Eindringen in die Vergangenheit aber ist in jedem Fall eine heikle Sache, weil die Erinnerung uns zu den Menschen machen will, die wir sind, und immer wieder halb daran scheitert.

RF

Teil 1

WEG

Erinnerungen
an meinen Vater

Irgendwo tief in meiner Kindheit kommt mein Vater an einem Freitagabend von seiner Tour nach Hause. Er ist ein Handlungsreisender. Es ist 1951 oder 52. Er hat unförmige Pakete in weißem Metzgerpapier dabei, gekochte Shrimps oder Tamales oder eine Pinte Austern, die er aus Louisiana mitgebracht hat. Als er das speckige Papier aufschlägt, steigt von den Shrimps und Tamales heißer Dampf empor. In unserer kleinen Doppelhaushälfte in der Congress Street in Jackson strahlen alle Lichter hell. Mein Vater, Parker Ford, ist ein großer Mann – weich, wuchtiges Aussehen, breit lächelnd, als hätte er gerade einen guten Witz im Sinn. Er ist freudig erregt darüber, zu Hause zu sein, und schnuppert voller Vorfreude. Seine blauen Augen funkeln. Meine Mutter steht neben ihm, erleichtert, dass er wieder da ist, beschwingt und glücklich. Er breitet die Pakete auf der metallenen Tischplatte in der Küche aus, damit wir schon mal sehen, was wir gleich essen werden. Festlicher kann das Leben nicht sein. Mein Vater ist wieder zu Hause.

Meine Mutter und ich haben uns die ganze Woche auf seine Ankunft gefreut. »Edna, würdest du …?« »Edna, hast du …?« »Mein Sohn, mein Sohn …« Und ich mittendrin. Das normale Leben – zwischen seinen Aufbrüchen am Montag und den Freitagabenden, wenn er zurückkehrt –, das normale Leben ist die Zeit dazwischen. Eine Zeit, von der er nichts zu wissen braucht und die meine Mutter ihm erspart. Wenn etwas Schlimmes passiert ist, wenn sie und ich uns gestritten haben (immer möglich), wenn ich Probleme in der Schule hatte (auch möglich), werden diese Nachrichten übertüncht, für seinen Seelenfrieden manikürt. Ich kann mich an kein einziges Mal erinnern, dass meine Mutter gesagt hätte: »Das muss ich deinem Vater sagen.« Oder: »Wart nur, bis Vater heimkommt.« Oder »Das wird deinem Vater aber nicht gefallen …« Er legt – *sie* legen – die Organisation der Woche, meine Betreuung eingeschlossen, in ihre Hände. Wenn er bei der Heimkehr, gutgelaunt lächelnd mit seinen Paketen, nichts zu hören bekommt, kann er davon ausgehen, dass nichts besonders Schlimmes vorgefallen ist. Was den Tatsachen entspricht, insofern ist es mir recht.

Sein großes, geschmeidiges, fleischiges Gesicht neigte zum Lächeln. Seine erste Miene war immer die lächelnde. Die lange, irische Lippe. Die durchscheinenden blauen Augen – meine Augen. Das muss meiner Mutter aufgefallen sein, als sie ihn kennenlernte – wo immer das war. In Hot Springs oder Little Rock, irgendwann vor 1928. Aufgefallen sein und gefallen haben. Ein Mann, der gern glücklich war. Sie war nie so ganz glücklich gewesen – nur teilweise, bei den Nonnen, die sie in St. Anne's in Fort Smith unterrichteten, ihre Mutter hatte sie da hingegeben, um sie aus dem Weg zu haben.

Das Glücklichsein hatte aber einen Preis. Seine Mutter Minnie, eine unnachgiebige Einwanderin aus County Cavan,

Kleinstadtwitwe und Presbyterianerin, war unbeirrbar der Ansicht, meine Mutter sei Katholikin. Warum wäre sie sonst auf diese Nonnenschule gegangen? Katholisch hieß »offen« statt misstrauisch und eng. Parker Carrol war das jüngste ihrer drei Kinder. Ihr Baby. Der Vater meines Vaters, ihr Mann – L. D. jr. –, hatte sich damals schon das Leben genommen. Ein zum Dandy gewordener Farmer mit Goldknauf-Spazierstock in einer kleinen Stadt in Arkansas. Und sie saß nun da mit seinen Schulden und seinem Skandal. Sie wollte ihren kostbaren Jüngsten beschützen. Vor den Katholiken, keine Frage. Wenn es nach ihr gegangen wäre, hätte ihn meine Mutter niemals ganz gekriegt. Und dabei blieb sie.

Selbst als junger Mann verströmte mein Vater keine »Stärke«. Sondern vielmehr etwas noch nicht auf die Probe Gestelltes, was sympathisch war, und eine Tendenz dazu, übersehen zu werden. Hintergangen. Außer von meiner Mutter. Ich habe im Gedächtnis, dass er sich in Gruppen eher zurückhielt, aber wenn er sprach, beugte er sich vor, als erwartete er, gleich etwas zu erfahren, das er unbedingt wissen musste. Er hatte sein stattliches Format; sein warmes, zögerndes Lächeln. Eine Frau, der das gefiel – wie meine Mutter –, mochte das als schüchtern auffassen, als eine Zerbrechlichkeit, mit der sie als Ehefrau arbeiten konnte. Wahrscheinlich würde er nichts falsch darstellen, auch nicht sich selbst: Er war kein Bescheidwisser, der sich schwer handhaben ließ. Allerdings konnte er furchtbar aufbrausend sein, nicht so sehr wütend, sondern eher eruptiv und impulsiv, aus Enttäuschung, weil ihm etwas nicht gelang oder nicht gut genug gelang oder er etwas nicht wusste – aus Momenten tiefer Unzufriedenheit heraus, ähnlich vielleicht wie bei seinem jungen Vater, der sich in einer sommerlichen Mondnacht im Jahre 1916 auf die Verandastufen setzte, nachdem er durch falsche Geldanlagen die Farm verloren hatte, und sich vor lauter Verzweiflung vergiftete. So waren die Stimmungen meines Vaters nicht. Das Liebevolle, das große, vorgebeugte Sonnige und die Unsicherheit standen dagegen, eröffneten ein mögliches Leben, das meine Mutter vor sich sehen, in das sie mit dem Klang ihres Namens einziehen konnte. Edna.

Als sie ihm begegnete, war sie siebzehn. Er war ungefähr vierundzwanzig – ein »Obst-und-Gemüse-Mann« im Lebensmittelladen von Hot Springs, wo sie mit ihren Eltern lebte. Der Laden gehörte zu Clarence Saunders, einer kleinen, heute untergegangenen Kette. Ich besitze ein Foto: mein Vater, der mit den anderen Angestellten im Laden steht – ringsherum Holzkisten, übervoll mit Zwiebeln, Kartoffeln, Möhren, Äpfeln. Alt sieht es dort aus. Er trägt seine weiße Latzschürze und sieht mit schwachem Lächeln starr in die Kamera. Seine dunklen Haare sind ordentlich gekämmt. Er ist durchschnittlich gutaussehend, wirkt kompetent und wach – ein junger Mann auf dem Weg zu etwas Besserem – zu einer Berufslaufbahn, mehr als bloße Arbeit. Es sind die zwanziger Jahre. Er ist vom Land in die Stadt gekommen, er kennt sich mit Landwirtschaft aus. War er auf diesem Bild nervös? Aufgeregt? Hatte er Angst, er könnte scheitern? Warum, fragt man sich, hatte er das winzige Atkins, woher er stammte, hinter sich gelassen? Die Welthauptstadt des sauer eingelegten Gemüses. Von alldem weiß ich nichts. Sein Bruder Elmo – wegen der irischen Herkunft »Pat« gerufen – lebte in Little Rock, ging aber früh zur Marine. Seine Schwester saß mit einer schnell ins Kraut schießenden Familie zu Haus. Wahrscheinlich hatte er zum Zeitpunkt dieses Fotos meine Mutter schon kennengelernt und sich in sie verliebt. Die Daten sind kein bisschen klarer als die Gründe.

Nicht lange danach nahm er einen besseren Job an, als Manager der Liberty Stores in Little Rock – einer weiteren Lebensmittelkette. Er trat den Freimaurern bei. Bald jedoch wurde eines seiner Geschäfte überfallen, die Täter schwangen Waffen, raubten Geld, schlugen meinem Vater auf den Kopf und flohen. Er wurde entlassen und erfuhr nie so recht, warum. Vielleicht hatte er etwas gesagt, was er besser unterlassen hätte. Ich weiß nicht, wie er eingeschätzt wurde. Als Bauerntölpel? Landei? Muttersöhnchen? Nicht mutig genug? Vielleicht als eine Figur, der der große Tschechow ein starkes, wenn auch nicht unbedingt reiches Seelenleben zugeschrieben hätte. Ein junger Mann, der innerhalb seiner Umstände ins Trudeln geriet.

Zeit, und dann wieder Arbeit – ebenfalls in Hot Springs. Jetzt war er mit meiner Mutter verheiratet. Es war Anfang der Dreißiger. Dann ergab sich etwas Neues, Besseres – Wäschestärke verkaufen, für die Firma Faultless aus Kansas City. Ich weiß nicht, wie er an diesen Job kam. Die Firma gibt es in KC immer noch. Bis heute hängen in den Büros Fotos meines Vaters an den Wänden, auf denen er mit weiteren Vertretern zu sehen ist. 1938. Diese Stelle behielt er bis zu seinem Tod.

Die Arbeit brachte ein zu bereisendes Revier mit sich – sieben südliche Staaten – und einen Firmenwagen. Einen schlichten zweitürigen Ford Tudor (»two-door«). Er musste Arkansas, Louisiana, Alabama und einen kleinen Teil von Tennessee abdecken, ein Stückchen Florida, eine Ecke Texas und das komplette Mississippi. Er musste die Lebensmittelgroßhändler besuchen, die im ländlichen Süden die kleinen Läden belieferten. Er fuhr bei allen vor und notierte ihre Stärke-Bestellungen. Es gab nur das eine Produkt. Seine Kunden saßen in den Seitengassen in trüben Lagerhäusern mit hölzernen Laderampen und kleinen, stickigen Büros, die nach scheffelweise Viehfutter rochen. Die großen Kunden waren Piggly Wiggly und Sunflower und Schwegmann's. Seine kleinen Kunden mochte er aber lieber, bei ihnen vorzufahren und etwas in Gang zu setzen. Eine Bestellung. Viele – einige in Louisiana, jenseits des Atchafalaya-Sumpfes – sprachen Französisch, was es schwieriger machte, aber nicht unmöglich. Auf den Kopf schlug ihm keiner.

Jetzt war er die ganze Zeit unterwegs, und meine Mutter kam einfach mit. Little Rock – eine kleine Zweizimmerwohnung in der Center Street – war ihr Zuhause. Aber eigentlich lebten sie *on the road*. In Hotels. In Memphis im Chief Chisca und im King Cotton. In Pensacola im San Carlos. In Birmingham im Tutwiler. In Mobile im Battle House. Und in New Orleans im Monteleone – diese Stadt war neu für sie, ganz anders als das, was sie aus Arkansas kannten. Sie liebten das French Quarter – das Lachen und Tanzen und Trinken. Sie lernten Leute aus Gentilly kennen. Barney Rozier, der auf Ölbohrtürmen arbeitete, und seine Frau Marie.

Zum Reisejob gehörte auch die Aufgabe, in den kleinen Städten an »Kochschulen« Kurse zu geben. Junge Mädchen kamen aus der hintersten Provinz, um sich zu richtigen Hausfrauen anlernen zu lassen – Kochen, Putzen, Bügeln, Haushalt. Diese Kurse fanden in Trainingshallen der Nationalgarde, Highschool-Turnhallen, Kirchenkellern oder Elks Clubs statt. Meine Mutter und er arbeiteten Hand in Hand und zeigten den Mädchen, wie man die Wäschestärke richtig anrührte und verwendete. Es war nicht schwer. Das Emblem von Faultless war ein hellroter Stern auf einer kleinen weißen Pappschachtel. »Kochen nicht nötig«, lautete das Firmenmotto. Es gab einen Song, in dem dieser Satz vorkam. Mein Vater hatte eine erträgliche Tenorstimme und trug das Lied, wenn er etwas getrunken hatte, gern vor. Das brachte meine Mutter zum Lachen. Er und sie – gerade mal aus ihren Zwanzigern raus und im Übermaß glücklich – überreichten den Landpomeranzen kleine Schachteln mit Stärkepröbchen und Wärmekissen aus Baumwolle, und die fühlten sich geschmeichelt, solche Geschenke zu bekommen, in einer Zeit, wo niemand etwas hatte, in der Großen Depression. Das reichte für den Anfang schon, so konnten sie, wenn sie ins Piggly Wiggly gingen, ordentlich Eindruck machen. Der ganze Rücksitz des Wagens lag voller Wärmekissen und Pröbchen.

Man muss sich das mal vorstellen. Ja, anders geht es nicht: Das war ihr ganzes Leben. Auf Tour, ohne große Sorgen. Keine Kinder. Die Familie weit weg. Mein Vater trug im Winter einen Filzhut, im Sommer einen Strohhut. Er rauchte – das taten sie beide. Sein Gesicht nahm mit der Zeit einen reiferen Ausdruck an – die irische Lippe, klar, der dünne Mund, das schütter werdende Haar. Er gewann an Selbstgefühl. Er wurde – fast schlagartig – zu dem Mann, der er später sein würde. Zahnprobleme machten eine Brücke erforderlich. Partiellen Zahnersatz. Er war 1,89 groß und hatte angefangen zuzulegen. Er brachte es inzwischen auf mehr als 100 Kilo. Er besaß zwei Anzüge, einen braunen und einen blauen, und liebte seine Arbeit, die zu seinem entgegenkommenden Wesen passte. Sich selbst bezeichnete er als »Geschäftsmann«. Sein Chef, ein Mr. Hoyt, vertraute ihm, genau wie seine Kunden in all den Miniaturstädten. Viel verdiente er nicht, unter zweihundert im Monat, inklusive Spesen. Aber sie gaben auch nicht viel aus. Und er hatte etwas gefunden, das er gerne machte. Verkaufen. Beliebt sein. Freundschaften schließen. Das Militär würde ihn nicht behelligen. Ein Herzgeräusch war entdeckt worden, und er hatte Plattfüße. Dazu kam sein Alter – für den Ersten Weltkrieg zu jung gewesen, und zu alt, falls es einen zweiten geben würde, der dann ja auch kam.

Die beiden lernten allmählich immer mehr Leute kennen – unterwegs, andere Vertreter, auf den Tagungen der Lebensmittelgroßhändler oder in den Kochschulen oder in Hotelfoyers. In der Carousel Bar im Monteleone. Am Ententeich des Peabody in Memphis. Ed Manny. Rex Best. Dee Walker. So hießen diese Männer. Sie reisten für Nabisco und General Mills und Procter & Gamble oder für seine »Konkurrenten« Argo und Niagara. Man war kollegial, mehr oder weniger.

Gelesen wurde ganz sicher nicht. Fernsehen gab es noch nicht, aber Autoradio. Weder im Auto noch in den Zimmern gab es eine Klimaanlage. Nur Deckenventilatoren und die Fenster, sofern es Mückengitter gab. Kino gab es durchaus, meine Mutter mochte Filme, aber ihm sagte das nichts. Sie aßen in Supper Clubs und Bars und Kaschemmen an der Straße, gefrühstückt wurde in den Hotelcafés und Diners. Für meinen Vater liefen Lebensführung und Lebensgefühl auf ein und demselben Gleis. Es gab nur einen Blickwinkel. Das sorgte für eine Gegenwart, die ihm gefiel.

Für Faultless war er immer der Mann mit dem geringsten Spritverbrauch und den niedrigsten Spesenabrechnungen. Er fuhr stetige sechzig Meilen pro Stunde – sparsamer geht's nicht. Er hatte keine Eile. Er wollte seinen Job nicht verlieren, es gab ja kaum welche. Sie waren die ganze Zeit zusammen, überall. Jeden Sonntagmorgen, egal wo sie waren – in irgendeinem Hotel –, erstellte er seine Ausgabenberichte im Zimmer oder an dem kleinen Sekretär im Foyer, füllte mit seinem winzigen, kaum entzifferbaren Füllfedergekrakel die Firmenformulare aus. Dann ging er zum Postamt und schickte einen dicken Umschlag nach Kansas City. Per Eilboten.

Von Anfang an wünschten sie sich Kinder. Ganz normal. Aber es hatte einfach nie geklappt. Sie wussten nicht recht, warum. Allerdings brachte es sie einander nur näher – es sperrte Vergangenheit und Zukunft zugleich aus. Ein Selbstmörder als Vater und eine strenge irische Mutter können eine Menge verhindern. Außerdem hatte es meine Mutter, bevor sie zu den Nonnen ging, alles andere als leicht gehabt. Für sie beide war die Vergangenheit kein gemütlicher Ort. Was die Zukunft und ihre Vertrautheit betraf, waren sie einander gewiss und würden es bleiben. Er hatte seine Arbeit und verließ sich ansonsten auf sie. Sie konnte rechnen, Pläne entwickeln, auf Gedanken kommen, die ihm nicht eingefallen wären. Sie war lebhaft und aufmerksam. Wenn sie über ihre Träume sprachen, was sie tun oder versuchen wollten, was unerreichbar war, was sie in Erinnerung hatten oder bedauerten, was sie fürchteten, was sie begeisterte – und das taten sie natürlich –, dann wurde darüber nicht Buch geführt, es gab keine Briefe, Tagebücher, keine auf der Rückseite beschrifteten Fotos. Das hielten sie nicht für nötig.

Irgendwo hinter ihnen lagen natürlich schon seine schwierige Familie und ihre. Meine Mutter war hübsch, schwarzhaarig, klein, kurvig, humorvoll, scharfsinnig, gesprächig – und daher in Atkins schwer vermittelbar, obwohl das niemand so deutlich aussprach. Zu seiner Mutter hielten sie Abstand, auch wenn sie sie besuchten, sogar wenn sie in ihrem Haus schliefen, dem Erbe des skandalösen Vaters auf dem Hügel über Atkins, mit Aussicht auf den Highway runter und zum Crow Mountain hoch. Seine Mutter dachte jetzt anders über ihren Sohn – als wäre er mit seiner neuen, womöglich katholischen Frau hochnäsig geworden; hätte Ehrgeiz entwickelt; hätte Leute kennengelernt, die man nicht kennenlernte, wenn man da herkam, wo er herkam. Vom Lande. Sie hatten vor dem Friedensrichter geheiratet, nicht in der Kirche. Alles war akzeptabel, aber nichts so richtig. Seine Schwester liebte ihn, ihre zahlreichen Kinder vergötterten ihn und riefen ihn – Parker Carrol – »Onkel Par'Carrol«. Aber all das fand unter dem stets wachsamen Auge der Mutter statt. Sie behielt ihre Meinung für sich, wartete ab, bestimmte, was sie bestimmen konnte, hatte aber nicht vor, die neue »Tochter« willkommen zu heißen.

Meine Mutter musste noch mit einigem anderen klarkommen – ihr Leben wurde schließlich von ihren schäbigen Eltern aus Missouri beeinflusst. Ihre Leute kamen vom Arsch der Welt, eindeutig schlimmer als »vom Lande«. North Arkansas. Tontitown. Hiwasse. Gravette. Ganz da oben. Mein Vater war zuvor nie mit solchen Leuten in Berührung gekommen. Die Mutter meiner Mutter war nur vierzehn Jahre älter als ihre Tochter und ein strafender, eifersüchtiger Mensch. Sie hatte sich vom Vater scheiden lassen. Der war weg. Der zweite Mann/Stiefvater Bennie Shelley, ein hübscher Blondschopf, war ein schlagfertiger Gigolo – ein Schwätzer, ein Hobby-Boxer für Geld, ein Eisenbahner, ein Angeber –, aber er hatte eine Zukunft, und die Mutter meiner Mutter, Essie Lucille, hatte nicht vor, sich die entgehen zu lassen, auch wenn das bedeutete, ihre lebhafte, lächelnde Tochter auf die Nonnenschule in Fort Smith zu schicken, falls die Dinge mit Benny unhandlich wurden. Und das wurden sie. Zumindest bis zu dem Zeitpunkt, als ihnen die hübsche Tochter gelegen kam, um Geld nach Hause zu bringen, da nahmen sie sie schnell wieder von der Schule, damit sie, mit sechzehn, also zu jung, im Arlington Hotel in Hot Springs am Zigarrenstand arbeitete, wo Bennie mittlerweile die Catering-Abteilung leitete.

Wie gesagt, die Große Depression. Sie mussten an Geld kommen. Nichts durfte sie aufhalten.

Für sie aber, für Edna, hätte die Familie meines Vaters durchaus eine echte Familie sein können. Irisch oder nicht, vom Lande oder nicht, engstirnig durch Frömmelei, Misstrauen und Pech – all das hätte sie problemlos beiseitegeschoben. Wäre seine Mutter ihr auch nur minimal herzlich entgegenkommen, hätte meine Mutter mehr als genug Ansatzpunkte finden können, um sich einzufügen. Schließlich war sie sympathisch – und wusste das auch. Den Schwestern gefiel sie – insgeheim. Den Vettern auch. Meine Mutter konnte einen zum Lachen bringen. Sie wusste interessante Dinge, die sie bei den Nonnen gelernt hatte. Außerdem liebte mein Vater sie. Was sollte falsch sein an ihr? Es wurde doch nicht viel verlangt. Es hätte besser laufen müssen. Sie war keine Katholikin. Aber es gab kein Entgegenkommen.

Also schmiedeten sie und mein Vater mit ihrer Familie, der meiner Mutter, einen Bund. Die kannte sie zumindest. Und es gab Reizvolles. Sie tranken – was illegal war. Bennie rauchte Zigarren, spielte Golf, trug zweifarbige Spectator-Schuhe, ging mit reichen Männern auf Gänsejagd, erzählte Witze, kannte sich mit Frauen aus, machte einen drauf, bis zu einem gewissen Maße – er passte immer auf, dass er dabei nicht seinen gesellschaftlichen Stand überschritt. Er war Arkie. Das waren sie alle drei: waschecht aus Arkansas. Seinen Platz zu kennen – über wem man stand und unter wem – war hier zweite Natur. Er nannte Essie »Mrs. Shelley«, weil sich das in den Hotels, wo sie arbeiteten – dem Huckins in Oklahoma

City, dem Muehlebach in KC, dem Manning in Little Rock, dem Arlington –, nun mal so gehörte, egal ob man verheiratet war.

Sie waren ihre Eltern, aber es gab nur einen geringen Altersunterschied, zwischen allen vieren. 1895 war Essies Geburtsjahr. 1910 das meiner Mutter. Bennie und mein Vater lagen dazwischen – 1901, 1904. In Hot Springs und Little Rock »gingen sie zusammen aus«. Tobten sich aus. Arkansas war noch nicht mal seit hundert Jahren ein Staat und Little Rock seine Hauptstadt, der Mittelpunkt der Welt – eine charakterlose, ruppige, eingebildete, unwichtige Flussstadt. Weder typisch Süden noch Westen, aber auch nicht richtig Mittlerer Westen. Mehr wie Kansas City oder Omaha als Memphis und Jackson. Es gab Straßenbahnen, neue Brücken, große Kaufhäuser in jüdischem Besitz, Restaurants, illegale Wettbüros, Kinos auf der Main Street, neue Hotels. Alkohol, trotz der Prohibition. In Little Rock *lief* was. Alle vier hatte es aus ihrem eigenen, persönlichen Nirgendwo dorthin gezogen.

Ich weiß nicht, was für Gefühle mein Vater, als großer, höflicher, etwas spröder junger Ehemann, für Essie und Bennie hegte. Vielleicht ließ er sich von ihnen mitreißen. Die Welt war ihm ein bisschen neu und würde es immer bleiben. Klar fand er es seltsam, wenn die eigenen Schwiegereltern *solche* Leute waren: einerseits gleichaltrig, andererseits von bestimmendem Auftreten. Sie mochten ihn, ohne ihn groß zu kennen. Meine Mutter stand zwischen ihm und ihnen und pufferte alles ab. Dass er Edna geheiratet, mitgenommen und glücklich gemacht hatte, kam ihnen gelegen – vor allem ihrer

Mutter. Die Eltern hatten eine derbe, liebenswerte, hemdsärmelige Rücksichtslosigkeit an sich, eine zwielichtige Aura, Hand in Hand mit starkem Aufstiegswillen. Sie waren beide starke Persönlichkeiten. Sie hatten sich am Arsch der Welt den Arsch aufgerissen, während mein Vater sechzig Meilen entfernt als Handlungsreisender lebte.

Und natürlich war das alles noch viel mehr, als ich hier sage. Garantiert. Nur, es wäre unrecht, wenn ich ihm etwas zuschreiben würde, was ich gar nicht weiß. Meinem Vater. Dass wir das Leben unserer Eltern nur unzureichend erfassen, sagt nichts über ihr Leben aus. Nur über unser eigenes. Es ist höchstens ein Ausdruck von Respekt, wenn man anerkennt, dass man nicht alles weiß, Kinder haben ohnehin einen verengten Blickwinkel auf alles, was sie umgibt. Das Nichtwissen hingegen, das bloße Spekulieren über das Leben eines anderen lässt diesem Leben die Freiheit, mehr zu sein, als es wirklich war.

Zum damaligen Zeitpunkt war aus meinem Vater fast, noch nicht ganz, eine Art Mann geworden. Er war kein Junge mehr. Und noch kein ausgewachsener Erwachsener. Ein Ehemann, ein Geldverdiener, das auf jeden Fall, ein Sohn, ein Bruder, ein Onkel. Aber als Schwiegersohn stand er unter diesen vieren an letzter Stelle. Diese Rolle in ihrer kleinen Hierarchie war für ihn nicht so sehr eine Zurücksetzung, er machte es sich darin bequem. Das könnte ihm klar gewesen sein. Seine Größe und seine Höflichkeit – das mochten die Leute an ihm – engten ihn vielleicht auch ein. Als wäre guter Benimm etwas, das einen gerade nicht auf das Leben vorbereitete. Innerhalb der Struktur ihrer Vierergruppe kam er jedenfalls an vierter Stelle. Und trotzdem könnte diese Zeit, bei allem, was er damals war – widerstrebend, etwas unanmutig, lächelnd, vorgebeugt, frisch verheiratet, geliebt und verliebt –, vielleicht auch die köstlichste seines Lebens gewesen sein.

Es ist, neben allem anderen, was es noch sein könnte, erst mal ein Luxus, ein spätes Kind und ein Einzelkind zu sein, denn beides lädt einen dazu ein, allein und ungestört über die Zeit des ganzen Vorgeschehens zu spekulieren – das lange Leben der Eltern, an dem man keinerlei Anteil hatte. Ich finde es faszinierend, darüber nachzudenken, wie ihr Lebensweg ohne mich hätte verlaufen können: Scheidung, noch früherer Tod, Entfremdung. Aber vielleicht auch größere Nähe, Intimität, Zusammensein in einer Weise, die sich nicht kategorisieren lässt. Das steckte unter Garantie *auch* in ihnen. Sie wollten mich; aber sie brauchten mich nicht. Zusammen – vielleicht nur zusammen – blühten sie erst richtig auf.

Sie reisten weiter zu zweit. Das Leben lief wie zuvor, von den Dreißigern direkt in die Vierziger hinein. Sie hatten wenig Besitz – ein paar Möbel, ihre Kleidung, kein eigenes Auto. Mein Vater wurde massiger, verlor immer mehr Haare, rauchte zu viel und war als Handelsreisender weiter erfolgreich. Sie besuchten Vertreterkonferenzen in Kansas City. Sie kamen oft nach New Orleans und konnten sich vorstellen, dort zu leben. Es fühlte sich offen an. Nach Atkins sehnte er sich nie zurück, aber wenn er in der Nähe war, schaffte er es schon, seine Mutter zu besuchen. Er ging mit den Cousins auf die Jagd, war vernarrt in seine Nichten und Neffen. Zu Hause gewann er an Statur. Alle, bis auf die Mutter, entwickelten Sympathie für Edna – und wenn nicht voll und ganz, dann doch ungefähr so, wie sie gewisse überraschende Seiten an sich selbst mit Sympathie betrachteten. Sie war so hübsch und lebhaft und frech, irgendwie musste man sie einfach annehmen. Man vermied bloß bestimmte Themen, so schwer war das nicht. Und er liebte sie, darauf kam es doch an.

Der Krieg begann. Sein Bruder musste hin, ebenso zwei Neffen. Er hatte die Herzgeräusche und musste nicht. Es war bestimmt komisch, ein normales Leben weiterzuführen, während in Europa so furchtbar gekämpft wurde. Möglicherweise bedauerte er das – die verpasste Chance, verändert zurückzukehren. Ein abstrakter, ungeäußerter Gedanke – den er womöglich nicht bemerkt hatte – könnte ihm durch den Kopf gegangen sein, zu einer anderen Selbsteinschätzung geführt haben. Als weniger tüchtig. Oder einfach nur als Glückspilz. Oder beides.

Was trieb sie um, was waren die unausgesprochenen Wünsche meiner Mutter? Was sagten sie im Auto zueinander, unter vier Augen, während sie Meilen fraßen? Er war gerade sechsunddreißig, sie einunddreißig. Mittlerweile war er nun wohl tatsächlich ein »richtiger« Mann geworden. Ein Erwachsener. Ein Handlungsreisender mit Ehefrau. Außer mit ihr und seinen Kunden kam er mit wenigen Menschen zusammen; aber das zählte wohl auch nicht zu dem, was das Leben für sie ausmachte. »Entwickelte« er sich? Wurde er selbstsicherer? Nutzte sich dieses Dahintreibenlassen allmählich für sie ab? Kam mit der Zeit eine weitere Dimension in ihr Leben, die es vorher nicht gegeben hatte? Und wenn nicht, ist das schlimm?

Es sagt viel aus – und sei es über einen selbst –, wenn man über Leute nur unter der Perspektive nachdenken kann, was wohl besser für sie gewesen wäre. Der Schriftsteller, der besser Anwalt geworden wäre; der Anwalt, der besser Lehrer geworden wäre; der Soldat, der besser Priester geworden wäre; der Priester, der besser irgendwas anderes geworden wäre, Hauptsache, was anderes. Mein Vater hätte was anderes verkaufen können. Autos. Er hätte in einem Eisenwarenladen arbeiten können. Er hätte auch mit seinem Vater eine Farm bewirtschaften können, wenn er denn einen Vater gehabt hätte. Aber er hätte – meiner Meinung nach – wohl kaum irgendwo mehr Erfolg gehabt als bei Faultless. Neben seinem guten Charakter hatte er wenig bemerkenswerte Fähigkeiten. Verkaufen war perfekt für ihn. Sein Job – wie er ihn ausfüllte und mochte – war der Schlüssel, um ihn zu verstehen. Größere Herausforderungen hätten ihn nur entmutigt und unglücklich gemacht. Falls er von etwas anderem träumte, hörte ich jedenfalls später nie etwas davon. Offenbar war er genau da, wo er hingehörte, und sah das selbst auch so. Falls er ein Selbstbild hatte, seine eigene Anschauung, dann war es das. Er ließ sich zunehmend von Gewohnheiten leiten – und von meiner Mutter. Es tut ihm nicht unrecht, das zu sagen.

Aber dann wurde meine Mutter zur allgemeinen Überraschung im Sommer 1943 schwanger. Und das änderte den
Verlauf von allem.

Es kann ganz wohltuend sein, das eigene Auf-die-Welt-
Kommen als ein durchaus gemischtes Glück zu betrachten.
Sie gingen – nach fünfzehn Jahren – bestimmt davon aus,
dass sie keine Kinder mehr haben würden. Gut möglich, dass
meine Eltern komplexe, wahrscheinlich unausgesprochene
Gefühle angesichts all dessen hegten: dass das Leben sich von
nun an nicht mehr verändern würde – und gut so war. Dass
sie sich irgendwo niederlassen würden – nur sie beide. In New
Orleans. Ihre gemeinsame Zeit war kostbar. So kannten sie es.
Hatte er das Gefühl, er hätte etwas weiterzugeben, das er ohne
ein Kind niemals weitergeben konnte? Meinten sie, einzeln
oder gemeinsam, dass mein Vater wegen seiner Herzproble-
me kein hohes Alter erreichen würde, so dass ein Kind eine
unnötige Schwierigkeit darstellte? Schon möglich, all das.

Wie gesagt, offiziell wollten sie Kinder. Aber dass sie nun
tatsächlich ein Baby haben würden, kann sie nur verunsichert
haben. Er war gerade achtunddreißig geworden und nicht
robust. Sie war dreiunddreißig. Sein Chef in Kansas City – immer noch Mr. Hoyt, der selber Kinder hatte – sagte zu ihm:
»Parker, jetzt müssen Sie sich entscheiden, wo Sie leben wollen. Nicht die ganze Zeit unterwegs. Suchen Sie sich die Mitte Ihres Reviers aus. Sie können öfter zu Hause bleiben.«
Diese Suche fand vermutlich sowieso schon statt.

Wenn es überhaupt einen beruflichen Wechsel geben sollte – zu einem Eisenwarenladen in Little Rock, zurück zum

Salatkistenstapeln oder eine Rückkehr nach Atkins –, dann wäre jetzt ein guter Zeitpunkt gewesen. Die Große Depression lag hinter ihnen. Der Krieg lief noch, würde aber vorübergehen. Bessere Zeiten waren möglich. Ich habe allerdings nie gehört, dass es Gedanken an eine Veränderung gegeben hätte. Die Arbeit als Vertreter war zu gut. Und er machte sie zu gut. Stattdessen würden sie sich einen Ort aussuchen – in der Mitte, wie man es ihm gesagt hatte – und dort leben. Das jahrelange, gemeinsame Leben *on the road* war vorbei.

Man muss aber auch sagen, dass sie nicht dazu neigten, allzu lange über Entscheidungen zu brüten. Die Freiheit, nach Gutdünken entscheiden zu können, bedeutete ihnen weniger als ein gutes Geschäft, sie waren diese Freiheit ja auch gar nicht gewohnt. Wo man seine Zelte auf dieser Erde aufschlug, war keine spirituelle, sondern eine praktische Frage. Er stammte aus einer Einwandererfamilie. Er verdiente sein Geld mit Herumreisen. Und sie stammte von umherziehenden Hinterwäldlern ab. Die beiden hatten ihre Wohnung in der Center Street behalten, aber selten dort geschlafen. Viel Erfahrung mit Sesshaftigkeit hatten sie nicht. Es mag fast unerheblich gewesen sein, wo sie ihr Baby bekommen wollten. Mich.

Zuerst dachten sie an New Orleans, wo es ihnen gefiel. Es lag nicht zentral, aber anscheinend konnte man dort leben. Barney Rozier und Marie wohnten in Gentilly – in den Suburbs – in einem türkisfarbenen, stuckverzierten Vierzimmerhaus mit Flachdach und winzigem Rasen davor. Wie so etwas aussah, hatten sie sich angeschaut, sich dann aber dagegen entschieden. Jackson, Mississippi, lag ganz in der Nähe. Da kannten sie zwei Leute, allerdings nicht gut. Es muss ihnen weniger exotisch vorgekommen sein, normaler – und das war es auch. Es war der Mittelpunkt seines Reviers – Alabama, Nord-Louisiana, Süd-Arkansas. Und Jackson war näher an Little Rock, geographisch und von der Art her. Eine kleine Hauptstadt des Südens. Die Entscheidung dürfte sich gut angefühlt haben. Erwachsen – endlich. Sie würden weit genug von allen weg wohnen – von seiner und ihrer Familie. Sie brauchten beide nicht viele Leute. Sie kannten kein Zugehörigkeitsgefühl, deshalb fehlte es ihnen jetzt auch nicht.

In Jackson mieteten sie also eine Doppelhaushälfte, vier kleine Zimmer inklusive Bad, im älteren Teil des Zentrums. North Congress Street, am Fuß des Capitol-Hügels. Mit Kaufoption. Weiter oben an der Straße standen alte Herrenhäuser, wo sowohl Abgeordnete als auch Country-Musiker zur Miete wohnten und man Mittag- oder Abendessen bekam. Meine Mutter war keine gute Köchin, sie waren es gewohnt, essen zu gehen. Vor und hinter dem Haus lag ein kleiner Garten, es gab eine Garage, Nachbarn, einige ältere, gutsituierte Häuser mit älteren Witwen, die einen durchs Fliegengitter ausspähten. Diese Häuser wurden schon zu Wohnungen umgebaut. Ein Übergangsstadium. Dort fing man an, wenn man von woanders herkam.

Ich wurde im warmen Winter von 1944 geboren, im Februar, im Baptist Hospital um zwei Uhr früh. Keine Ahnung, ob sie sich einen Jungen oder ein Mädchen gewünscht hatten. Aber sie waren überglücklich – sagten sie –, dass ich da war und dass sie sich auf Jackson und ein insgesamt verändertes Leben festgelegt hatten. Ich weiß nicht, ob mein Vater bei meiner Geburt dabei war. Es war ein Mittwoch. Normalerweise war er da unterwegs. Eine Geburt mit ansehen, das machte man damals eher nicht. Die Mutter meiner Mutter reiste aus Little Rock an. Aus seiner Familie wollte keiner kommen.

Wie würden sie das alles organisieren – von einer unbestimmten, unbelasteten Zukunft zu einer mit Kind, also einer sehr bestimmten Zukunft? Edna war von nun an das, was sie nie gewesen war, eine Hausfrau allein zu Haus, mit Kind. Eine Mutter. Sie muss geglaubt haben, sie wäre dafür geschaffen. Es war das üblichere Leben. Bislang war alles gut gelaufen, und dies mag auch gut ausgesehen haben – abgesehen von dem ungewohnten Abstand zu meinem Vater.

Für ihn war das bestimmt auch neu. Es gab ja nicht nur eine Art und Weise, die Vaterrolle anzunehmen – obwohl er das nicht so ausgedrückt hätte. Es würde ihm nicht gefallen, ohne Edna zu sein, er hatte sie immer bei sich gehabt – sie hatten im Auto nebeneinandergesessen, er hatte ihr zugehört, ihre Anwesenheit genossen, die Mahlzeiten und das Bett mit ihr geteilt und sich von dem, was sie dachte und mochte und wollte, leiten lassen. Einfach nur Zeit mit ihr zu verbringen – dieses Leben würde er vermissen. Sie war offen. Er weniger. Alles war nahezu perfekt gewesen. Hatte er das Gefühl, dass sie jetzt etwas Wichtiges aufgaben? War er für all das bereit? Wahrscheinlich schon, aber diese Frage stellte 1944 keiner. Jetzt würde er von Montag bis Freitag fort sein, oder noch länger, wenn er in die abgelegeneren Gegenden seines Reviers kam – nach Jackson, Tennessee. In den äußersten Norden von Arkansas. Würde er einsam sein? Und wie. Würde sie sich Sorgen machen wegen anderer Frauen und er wegen anderer Männer auf der Lauer? Wahrscheinlich hat es für sie beide nie andere gegeben. Kann sein, dass ihnen so etwas nie durch den Kopf gegangen ist.

Aber war das nun für immer? »Das« im Sinne von Jackson. Der tiefe Süden. Mississippi, nicht Arkansas. Keiner wusste es.

Und dann gab es jetzt mich. Möglicherweise würde ich nicht das einzige Baby bleiben. Dachten sie so? Fragte er sich, fragten sie sich, ob ich anders aufwachsen würde, wenn er jeden Tag bei uns wäre? Und wenn, inwiefern? Wäre es in Ordnung, wenn »der Vater« nicht ständig präsent wäre? Wie würde er mir etwas beibringen? Konnte er es trotzdem schaffen, irgendwie präsent zu sein? Er selber hatte keinen Vater gehabt und war aufgewachsen, ohne dass ihm viel beigebracht worden wäre. Hatten andere Jungen auch abwesende Väter? Konnte sie das ausgleichen? Während sie darauf warteten, dass ich zur Welt kam, hatten sie die erwartbare Zukunft einfach hingenommen, das war klar. Sie liebten einander und würden mich lieben. Liebe, das würde als Präsenz reichen. Wir würden glücklich sein. Und auf diese Art – die ich für gut halte, auch heute, da ich dies schreibe – begann mein Leben, und seine bleibenden Muster wurden angelegt.

Trotzdem taten sie, was sie konnten, um die alten Gewohnheiten beizubehalten – zumindest anfangs. Sie nahmen mich mit. Zu dritt in dem heißen Auto – im Süden Louisianas. In Florence, Alabama. Im Mississippi-Delta. Bastrop, Monroe. El Dorado und Camden, Arkansas. Er rauchte jetzt El-Producto-Zigarren, hatte weiter zugenommen – knapp 110 Kilo –, trug bessere Hüte und ging zur Kundenbetreuung in die Häuser der Lebensmittelgroßhändler, während wir draußen bei den Laderampen auf dem Vordersitz warteten, egal, ob es heiß oder kalt war. In New Orleans fuhr ich mit meiner Mutter auf der Algiers-Fähre immer hin und zurück, während er arbeitete, manchmal ziemlich weit weg, in Houma und Lafayette. Ich krabbelte am Seeufer bei peitschendem Wind und schäumenden Wellen über die Kaimauer. Wir fuhren in den Stadtpark, nach Bayou St. John und Shell Beach und auch in den Zoo. Zuweilen nahmen wir den Zug – den »Miss Lou« – von Jackson nach Hammond, nur um meinen Vater für einen Tag zu treffen. Einmal hatte sein Wagen eine Panne in Ville Platte und stand zwei Wochen in der Werkstatt. Wir warteten derweil in einem heißen Hotelzimmer. Und einmal blieb der Wagen auf dem höchsten Punkt der Flussbrücke in Greenville liegen. Mein Vater war schnell draußen in der Fieberhitze und dem feuchten Wind, schwitzte in Hemdsärmeln und wechselte den Reifen am Dienst-Ford hoch über dem braun dahingleitenden Fluss, während meine Mutter mich drinnen so fest hielt, wie sie konnte, als würde ich – das einzige Kind – sonst davonfliegen.

Ich war kein schwieriges Baby, also war es beinahe vorstellbar, so zu leben – mit mir kreuz und quer durch den Süden zu reisen. Aber es konnte nicht lange so weitergehen. Probleme häuften sich an. Hotelzimmer, die Läden, wo sie immer gegessen hatten, Autopannen. Die üblichen Babykalamitäten. Letztlich mussten die Entscheidungen, die sie vor meiner Geburt getroffen hatten, wann er weg sein würde, wann wir zu Hause sein würden, jetzt schlicht erfüllt werden.

Und wie war es für ihn? Fahren, allein fahren? In diesen Hotelzimmern zu sitzen, in Hotelfoyers, seltsame Zeitungen im Schummerlicht zu lesen; abends rauchend durch die Straßen zu spazieren? Mit irgendeinem Mann zu Abend zu essen, den er vom Herumreisen kannte? Radio zu hören im Summen und Wischen eines flappenden Ventilators; dann früh schlafen zu gehen, zu den Geräuschen von Heuschrecken und Rangierbahnhöfen, zuknallenden Autotüren und wieder Stimmen auf der Straße, die in die Nacht hinauslachten. Wie fühlte sich das an, auf diese Weise Vater zu sein – mit einer Frau, einem gemieteten Haus in einer Stadt, wo sie praktisch niemanden kannten und keine Freunde hatten, und nur am Wochenende nach Hause zu kommen, als wäre es ein Zuhause?

Das konnte nur merkwürdig sein. Aber vielleicht fühlte er sich auch zum ersten Mal kompetent. Unabhängig. Endlich bereit fürs Leben. Fast vierzig. Ein Vater. Er neigte nicht dazu, viel zu bedauern oder sich ständig die Temperatur zu messen oder über die Schulter zurückzuschauen auf das, was früher anders gewesen war. Er war vielmehr der Typ Mann, der genau wusste, wie er bislang alles hingekriegt hatte, und der das so stehenlassen konnte. Er wusste, dass er meistens abwesend war. Er wusste, dass sie sich um ihr gemeinsames Leben und um mich kümmerte und dass es viel für sie war. Er war schon präsent, wenn auch nicht unbedingt als Vater. Und er war ihr Mann, den sie liebte und auf den sie wartete. Das war akzeptabel. Und so würde ihr Leben von nun an sein – zumindest bis zu seinem Herzanfall 1948, dem einen, an dem er nicht starb, aber der wieder alles veränderte, weil von nun an der Tod und die Angst davor zu Vertrauten wurden, für ihn und für meine Mutter.

Ein Einzelkind fordert viel – möglicherweise noch mehr, wenn die Eltern schon älter sind. Die Phantasie eines Einzelkinds wird von allem, was die Eltern sagen und nicht sagen, melodisch angezupft. Ich habe immer gesagt und glaube auch weiterhin, dass ich eine herrliche Kindheit hatte. Aber das heißt noch nicht, dass es ein normales Leben gewesen wäre. In ihrem Alter ein erstes Kind zu bekommen war nicht normal. Das fanden sie sogar selbst. Unausgesprochen schwebte in der Luft, dass sie hätten jünger sein sollen oder dass ich vor fünfzehn Jahren hätte auf die Welt kommen sollen, als sie noch taufrisch waren. Ich wuchs mit dem Gefühl auf, älter sein zu sollen oder älter zu *sein*. Es hatte schon vor mir so viel bedeutsames Leben gegeben – von dem ich wenig wusste und über das zu reden sie nicht nötig fanden, da es mich ja nicht direkt betraf. Ich kann mich nicht daran erinnern, dass einer von ihnen – als ich älter wurde – je gesagt hätte: »Richard, weißt du noch?« Oder: »Richard, einmal haben dein Vater und ich …« Geredet wurde, unterbrochen von den langen Phasen zwischen Montag und Freitag, nur über die

Gegenwart, sonst hing nichts in der Luft. Durch diese Abwesenheiten wurde es nur umso grundlegender, dass sie einander nahe blieben, denn zusammen zu sein war ihr Grundzustand. Erst meinetwegen nahm alles einen anderen Verlauf, das habe ich immer gespürt. Damit aus alldem ein herrliches Leben wurde, brauchte es ganz sicher Liebe und – von meiner Seite – die Bereitschaft, einiges zu ergänzen und anderes abzuleiten.

Dass er weg war, muss belastend gewesen sein. Meine Mutter beklagte sich nie, soweit ich hören konnte, allerdings war sie sprunghaft – auch darin, wie sie liebte. Eine, die brüllte, ohrfeigte, die Stirn runzelte und finster blickte. Plötzlich hatte sie ein Baby bekommen. Plötzlich war sie in einer fremden Stadt, wo alte Verbindungen zählten und Neuankömmlinge Fremde waren, viel zu oft allein. Vielleicht sorgte auch ich – mein Wesen – für eine gewisse Belastung. Als ich anfing zu sprechen, redete ich sehr, sehr viel, und ich war nicht gerade passiv oder fügsam von Natur aus. Wenn er weg war, gestaltete sich unser Leben nie völlig ruhig. Wenn er aber wieder da war, wurde augenblicklich und strengstens für Ruhe gesorgt. Was auch wieder Anstrengungen mit sich brachte.

Hatte ich im Laufe der Zeit jemals das Gefühl, irgendetwas stimmte nicht zwischen ihnen? Nein. Meine kindliche Sicht der Dinge beruhte auf dem Gefühl, dass das meiste in Ordnung war. Falls das ewige Drama des Lebens darin besteht, dass alles einem immer vollkommeneren Zustand entgegenstrebt, dann war ihr und mein Leben undramatisch. Die Gefühle, an die ich mich aus jener Zeit erinnere – mein

Kleinjungenleben in Jackson, in der Congress Street, während meiner ersten Lebensjahre Ende der vierziger, Anfang der fünfziger Jahre –, zeugen von einem hektischen, wechselhaften, vorläufigen Dasein. Sie liebten und beschützten mich. Aber ich erlebte das Leben als ereignishaft, Dinge und Menschen waren in Bewegung, und ich stand oftmals abseits, allein. Was ich damals nicht bedauerte und heute auch nicht. Aber ruhig war das Leben nicht.

Wie dachte mein Vater bloß über diese Situation, falls er überhaupt etwas dachte? Zweifellos dachte er, ohne spezifischer zu werden, dass später noch mehr kommen würde. Falls er sich fragte, ob er ein guter Vater sei, lautete seine Antwort wahrscheinlich Ja. Er dachte vermutlich, er sorge in den Räumen, wo er und wir uns aufhielten, für eine gute, angenehme Atmosphäre und seine Ankunft sei im Leben von meiner Mutter und mir stets willkommen. Vielleicht glaubte er sogar, er wäre überhaupt nicht abwesend, sondern präsent – nur halt nicht in Fleisch und Blut; er war nun mal nicht da, um mich zum Arzt oder Zahnarzt, in meinen Kindergarten bei Mrs. Nelson und in die Sonntagsschule zu begleiten; später war er nicht da für Elternabende, die Wölflinge, das Schwimmbad, die Bücherei, Schulfeste und noch später für Baseball-Testspiele und den Mittelschul-Abschluss. Dieses Nicht-ganz-da-Sein war eine Voraussetzung für seinen guten Job. Aber wurde ich nicht immer mitgenommen – zu ihren wenigen Freunden – und dort schlafen gelegt, während sie auf der anderen Seite der Wand tranken und redeten und lachten? Und dann wieder New Orleans, die Golfküste, Pensacola, gelegentlich Atkins und Little Rock – wo sie eben hinfuhren. Zeit, um mir dies und jenes zu zeigen, um mir eine Lebensart zu vermitteln, würde es noch geben – in dem zu erwartenden *später*. Er nannte mich »Sohn«. Ich nannte ihn »Daddy«. Es hieß, ich sähe ihm ähnlich. Er hätte wohl nicht gedacht, dass ich mich siebzig Jahre später nicht mehr an seine Stimme erinnere, mich aber danach sehne.

Und wie war das alles für mich?

Ich hätte nicht formulieren können, dass er, als ich heranwuchs, ein junger verheirateter Mann war, der allmählich zu einem ältlichen Vater wurde; oder dass er die Kehrseite der Erfahrungen erlebte, die meine Mutter in ihrem Inneren und mit mir machte. Er war mein Vater. Ich wusste, das war wichtig. Seine körperlichen Dimensionen waren mir vertraut. Und seine vorgebeugte Liebenswürdigkeit, sein Humor. Seine Bestätigung suchende Unsicherheit. Seine körperliche Weichheit, sein voller Geruch. Ich wusste, wie man das nannte, womit er sein Geld verdiente. Ich wusste die Namen der Orte, wo er hinfuhr – diese Dinge muss ich seit frühester Kindheit gewusst haben.

Aber gab es zwischen uns »Interaktion«? Natürlich. Ich habe ihm bestimmt alles Mögliche erzählt – wie ich im YMCA schwimmen lernte, wie General MacArthur 1952 Jackson einen Besuch abstattete, den mein Vater verpasste. Wie ich (erfolglos) versuchte, bei den Pfadfindern verschiedene Wölflings-Abzeichen zu erwerben. Und später, dass ich gern nach Camp Mondamin ins Sommerferienlager wollte. Ich kann mich nicht erinnern, dass irgendetwas je ein Problem gewesen wäre oder dass ich je empfunden hätte, ich bekäme nicht genug von ihm. Auf irgendeine Weise wurde die Tatsache, dass er meistens nicht da war, zu einer Art Privileg für mich, das mich von den anderen Jungs abhob. Fast als gefiele es mir allmählich, dass er so viel weg war. Es hieß allerdings auch, dass ich – wenn diese Jungs irgendwann nachfragten – mein Leben nicht in einem Satz (oder auch in vier) zusammenfassen konnte.

Ich sagte ja schon, dass man das, was ich nicht von meinen Eltern weiß, nicht *ihrem* Leben zuordnen sollte. Und doch ist es seine ständige Abwesenheit, die ihn, viel mehr noch als seine gelegentliche Anwesenheit, für mich ausmacht (vielleicht schon während meiner Kindheit) – für meine Mutter und auch für ihn selbst mag das anders sein. Die Erinnerung hat ihn immer weiter von mir weggeschoben, bis ich ihn – in jenen frühen Zeiten – als großen, lächelnden Mann »sehe«, der auf der anderen Seite einer Barriere aus Luft steht, mich anschaut, vielleicht nach mir Ausschau hält, mich als seinen Sohn erkennt, aber nie nahe genug kommt, dass ich ihn anfassen könnte.

Unser Leben in Jackson war kleinkalibrig. Meine Mutter, von Nonnen erzogen, ging jetzt zu den Presbyterianern – deren Kirche lag nicht weit von unserem Haus entfernt –, weil meine Kindergartenlehrerin zu ihnen gehörte. »Aufgenommen nach Bekundung ihres Glaubens«, stand im Zertifikat meiner Mutter. Mein Vater, der nie hinging, trat »per Brief« bei, obwohl er schon als Presbyterianer erzogen worden war. Eine rote Backsteinschule – die Jefferson-Davis-Schule – stand nebenan und steht da bis heute. Dort sollte ich hingehen. Meine Mutter war freundlich – zu Bekannten –, aber fand nicht leicht Freunde und misstraute den anderen Kindern aus unserer Straße, Kindern, die im Wohnheim lebten, in Wohnungen unterm Dach. Da sie selbst wenig sesshaft war, sah sie Nicht-Sesshafte schief an. Die alten Familien in ihren großen weißen Häusern in unserem Viertel warfen ihrerseits argwöhnische Blicke auf uns. Meine Mutter und ich aßen in den Wohnheimen weiter oben in der Congress Street, zwei Straßen südlich vom Kapitol. Manchmal kauften wir unser Mittagessen auch am Warmhaltetisch im nahe gelegenen Lebensmittelladen. Wir beide gingen zu Fuß in die Stadt – in die beiden Kaufhäuser oder ins Kino. Ich fuhr allein mit dem Bus in den Kindergarten, ging zwei Straßen weit von der Haltestelle an der Keener Avenue und fuhr dann, nach dem Mittagessen, wieder mit dem Bus nach Hause. Meistens war er nicht da – mein Vater. Obwohl ich mich daran erinnern kann, wie sein Ford am Wochenende am Bordstein stand, wie er im Haus zu hören war, im Badezimmer oder schnarchend im Bett. Ich weiß noch, wie groß er war. Sein Lederkoffer war nie ausgepackt. Kleingeld, Portemonnaie, Taschenmesser, Taschentuch und Armbanduhr lagen auf seinem Nachttisch (sie schliefen nicht mehr im selben Bett). Der seifige Geruch seiner Rasiersachen versüßte das Badezimmer. Ich höre ihn bis heute singen – manchmal irgendwas über »*the wig-a-zees and the bees in the trees*«, was sie beide zum Lachen brachte, und manchmal sang er auch »*Danny Boy*«. Ich höre ihn die Namen der Leute wiederholen, die er kannte. Der olle Mac. Lew Herring. Immer Mr. Hoyt oben in KC. Mr. Beeham, Mr. Hoyts Chef. Kenny Dings.

Schnappschüsse kommen ins Spiel. Kleine quadratische Schwarzweißfotos mit Zackenrand. Meine Mutter kaufte eine Brownie-Kamera und war erpicht darauf, meinen Vater und mich zusammen aufzunehmen: ein klobiger Mann im dunklen Mantel, der mich zuerst auf dem Arm hält, dann auf dem Bürgersteig vorm Haus und vor dem Schulhof »spazieren führt«; der sich über mich in meinem Bobbycar beugt; später ich, wie ich in seinem Auto sitze, mit Basecap, und aus dem Fenster grinse, als wäre ich gerade selber vorgefahren. Auf diesen Bildern lebt der Schatten meiner Mutter, ihre perfekte Silhouette hält die Kamera an der Hüfte, späht hinein. Oft, wenn ich nachts im Bett lag, hörte ich nebenan die Federn quietschen – quietsch-quietsch, quietsch-quietsch –, ihre leisen Stimmen, umhüllt von der alten Intimität, in Erwartung seiner regelmäßigen Abreisen – Montag weg, Freitag zurück.

Was konnte ich damals über mein Leben denken? Das meiste war natürlich mehr Empfindung als Gedanke, und vieles davon schlichte Vorfreude. Auf ihn. Und kaum war er zu Hause, Vorfreude darauf, dass die Ereignisse der Woche – das Angenehme und Unangenehme, die kleineren Meinungsverschiedenheiten, Vorhaltungen, Komplikationen zwischen meiner Mutter und mir – aufgeschoben oder nicht beachtet wurden. Oder schnell wegerklärt. Das schuf eine Atmosphäre des einvernehmlichen Vertuschens, der kleinen Heucheleien, gute Miene zum bösen Spiel, der Entscheidung, dass *dies* wichtiger sei als *jenes*, auch wenn es auf beides ankam. Das war wohl die erste Lektion, die mein Vater mir weiterzugeben hoffte, Umgehensweisen mit Problemen, die sich nicht von selber glattziehen, sondern Aufmerksamkeit verlangen und bereitstehende Erklärungen. Falls er mir das gar nicht beibringen wollte, so lernte ich es trotzdem. Mein Vater leistete schwere Arbeit. Er war anfällig (zu diesem Zeitpunkt bestimmt). Sie wollte nicht riskieren, ihm Kummer zu machen. Und ich war ihr Verbündeter, ob ich wollte oder nicht.

Die Großeltern spielten ihre Rolle, jedenfalls auf der Seite meiner Mutter.

Sie waren jetzt in Little Rock etabliert, Bennie und Essie. Sie führten das Marion, ein großes Hotel. Sie hatten mehr Geld, mehr Zeit. Ben Shelley hielt im Hotelkeller reinrassige Vogelhunde und fuhr einen roten Buick »Super«. Das Topmodell mit den vier Portholes in den Kotflügeln. Er protzte gern. Sie kamen an Weihnachten nach Jackson, oder wir fuhren zu ihnen, in den Ford meines Vaters mit den Stärkepröbchen auf dem Rücksitz gekeilt, durch das Delta und am Fluss entlang nach Arkansas rein – fünf Stunden mindestens. Wir wohnten im Hotel, in ihrer großen Wohnung. Nr. 604. Das war festlich, gesellig, alkoholselig. Sie mochten einander immer noch – eine ungewöhnliche Familie. Es herrschte ein Gefühl des Wiederzusammenkommens und Wiederaufnehmens der Fäden aus der Zeit, in der ich noch nicht da gewesen war. Und jetzt war ich da und gehörte dazu. Glücklicher konnte das Leben für mich nicht sein.

Bei diesen gemeinsamen Festen war mein Vater wieder Schwiegersohn – aber auch ein Vater. Älter. Allerdings stand er nun an fünfter Stelle – ich war ja da, und um mich wurde viel Gewese gemacht. Alle mochten den lärmigen, dicken, ausschweifenden, streitsüchtigen, scharfsichtigen, kompetenten Bennie, der Schneisen hinterließ. Eine nicht so bedeutende, etwas lächerliche öffentliche Figur in Little Rock, deren Name oft in der Zeitung stand. Mein Vater dagegen – groß, fleischig, etwas scheu, zurückhaltend, aber gutwillig, so verbindlich wie ein Mann von zarterer Statur – war immer noch ein Junge vom Lande, der es dahin geschafft hatte, wo er stand, aber nicht viel weiter kommen würde. Er trat beiseite für meinen Großvater, den ich faszinierend fand. Mein Vater gehörte zum Publikum, was ihn nicht zu stören schien.

Sein Bruder wohnte immer noch in der Stadt. »Onkel Pat« war schwer, finster, mürrisch, seine kleine Frau war durch Arthritis verkrüppelt. Tante Nora. Er buchte Zirkusnummern für den Jahrmarkt und redete nicht viel. Vorgeblicher Grund für sein Schweigen waren schreckliche Kriegserfahrungen. Kinder hatten sie nicht. Bei diesen Urlaubsbesuchen trafen wir ihn nur in seinem kleinen Haus in der South Spring Street und nie länger als für eine Stunde. Ich hatte keinen Bruder, deshalb wurde ihr Umgang miteinander für mich zum typischen Beispiel für Brüderlichkeit. Nicht nah.

Am Weihnachtsmorgen fuhren wir immer zu seiner Mutter nach Atkins, zwei Stunden westwärts. Wir saßen mit den sympathischen Vettern und seiner Schwester und ihrem unsympathischen Ehemann, einem Apotheker, beim Weihnachtsessen. Mein Vater beobachtete seine durchs Haus stapfende Mutter, die glühend darauf beharrte, nichts sei mehr so wie früher. Darunter lag Missbilligung oder Misstrauen oder einfach Missbehagen meiner Mutter gegenüber. Alle blieben höflich. Ich, so wurde verkündet, sehe eher nach einem Onkel William aus – einem verstorbenen Iren. Mein Vater wurde angeschwärmt und geneckt. Alle wünschten sich insgeheim, er würde länger bleiben. Aber das taten wir nicht. Ein Tag, das war's.

Gefolgt von der langen Winterfahrt zurück nach Jackson und dem normalen Lauf der Dinge dort – dem Wegfahren und Wiederkommen, dem väterlichen Auftauchen am Wochenende; meine Mutter und ich allein in dem kleinen Backsteinhaus mit der Platane davor. Hätte ich sie fragen können, dann hätten sie vermutlich gesagt, das seien *auch* großartige Zeiten gewesen. Sie waren in den Vierzigern – den Jahren mit dem freien Horizont, in denen man eine bessere Idee, wenn man sie denn hatte, mal ausprobieren konnte. Noch ein Kind bekommen. Eine bessere Arbeit suchen. Ein neues Auto kaufen. Die Doppelhaushälfte in der Congress Street kaufen – das taten sie. Mississippi war fremd und abweisend, aber es war nur ein kleiner, zu vernachlässigender Teil des Ganzen. Meine Mutter musste nicht arbeiten. Wir hatten eine Putzfrau, die auch auf mich aufpasste, wenn meine Mutter in die Bücherei ging oder ins Kino oder zum Einkaufen. Sie kaufte ein Klavier, damit ich irgendwann Unterricht nehmen konnte. Wenn mein Vater zu Hause war, nahmen wir uns Zeit für Picknicks am Pelahatchie Lake und Tagesausflüge nach Vicksburg, zu den Konföderierten-Klippen, oder nach Stafford Springs zum Schwimmen, nach Allison's Wells zu Jacks Tamale-Kneipe, zum Schwarzhändler auf der anderen Seite des Flusses, zum Flugplatz, um Flugzeugen beim Starten zuzuschauen. Ich weiß nicht, was andere Leute von ihnen hielten oder ob mein Leben – geliebt, umsorgt, etwas weltfremd durch die Lebensumstände und Persönlichkeiten meiner Eltern – dem anderer Jungen ähnelte. Wie gesagt, ich kann mich nicht erinnern, dass sich meine Mutter je beklagt hätte. Aber ich muss in dieser Zeit wohl begriffen haben, dass seine Abwesenheit nicht die Ausnahme, sondern die normale, definitive Dimension von allem war. Menschen gehen weg. Vielleicht nahm ich meinen Vater zunehmend als jemanden wahr, der nicht da war, und weniger in den Tagen und Momenten, wenn er tatsächlich präsent war. Dauer wurde zu etwas, das man gestaltete. Das mag eine weitere Lehre gewesen sein, die er mir mitgegeben hat.

Ich weiß nicht mehr, in welcher Jahreszeit er seinen Herzanfall hatte – den ersten. Aus irgendeinem Grund denke ich an Frühling, denn als der Krankenwagen mitten in der Nacht zu unserem Haus kam – die Männer mit der Trage, die direkt ins Schlafzimmer liefen –, brachten sie ihn zur Vordertür raus, und ich habe nicht in Erinnerung, dass es besonders kalt oder warm gewesen wäre. Nur dass ich verwirrt und beunruhigt war, denn in all dem Kommen und Gehen, aus dem unser Leben bestand, war so etwas noch nie passiert.

Natürlich wurde mit dieser Nacht alles anders. Erinnerte

Zeit kann sich verschieben und abdriften. Aber ich war ganz sicher vier. Mit Abwesenheit kannte ich mich schon aus, mit Veränderung überhaupt nicht. Vom Herzen meines Vaters wusste ich nichts, ebenso wenig von den Gefühlen meiner Mutter: ihr dreiundvierzigjähriger Mann im Baptist Hospital – wo ich zur Welt gekommen war – unter einem Sauerstoffzelt, schwer atmend. Beide so jung.

Sie und ich, wir fuhren ins Krankenhaus. Wahrscheinlich später am selben Vormittag. Ich sah ihn unter seinem großen, durchsichtigen Zelt liegen – so groß wie ein Zweimannzelt. Heute würden wir sagen, sein Zustand hatte sich *stabilisiert*, aber ich wusste nicht, was passiert war – was er erlitten, wie sich das angefühlt hatte. Ich hörte das Wort – *Herzanfall*. Aber er lächelte mich so komisch an durch das Plastik, als wäre das bloß eine urkomische Situation, in der man halt landen konnte. Wahrscheinlich wollte er nur, dass ich keine Angst hatte, aber ich hatte auch keine. Sein Arzt, Dr. Hageman, muss meiner Mutter und ihm vieles erklärt haben (mir natürlich nicht): dass Parker wieder gesund werden könne; aber auch, dass sein Leben jetzt vielleicht verkürzt sei; dass er abnehmen solle, weniger arbeiten, nicht rauchen, Sport treiben, nicht trinken, sich ein Hobby suchen, vielleicht sogar, dass er seine Angelegenheiten regeln solle. Damals wusste man weniger über Herzanfälle als heute. Aber niemand nahm sie auf die leichte Schulter. Und ich muss, obwohl ich es nicht hätte ausdrücken können, wohl gespürt haben, nur durch meine Anwesenheit bei ihnen, dass das Leben, wo immer es bisher anscheinend hingegangen war, von nun an womöglich anders dorthin gelangte. Oder gleich ganz woandershin ging. Die Veränderung war da. Seine Mutter kam nicht aus Atkins, um ihn zu besuchen, Bennie und Essie allerdings schon.

Jetzt, achtundsechzig Jahre später, bin ich versucht, das restliche Leben meines Vaters in ein verschattetes, melodramatisches Licht zu tauchen; es als *die Zeit zwischen seinem Herzanfall und seinem plötzlichen Tod* zu sehen. Das wäre nicht falsch, denn so lässt sich diese Zeit benennen. Dr. Hageman hatte ihm bestimmt gesagt, was nicht in Ordnung war – das Herzgeräusch – und wie sich die Dinge entwickeln konnten; dass ungewiss war, wie viel Zeit er noch vor sich hatte. Der Tod war eine Wahrscheinlichkeit, aber sonst war nichts vorherbestimmt. Jetzt war er am Leben. So viel wusste er. Und doch: In genau dieser Zeit, zwischen 1948 und 1960, kannte ich meinen Vater – das kann ich heute sagen – nicht nur als *einen* oder *den* Vater, nur in dieser Zeit, unter diesen Umständen war mir vollkommen bewusst, dass ich einen Vater *hatte*. Ein Erinnerungsbuch zu schreiben und die Bedeutung eines anderen Menschen zu ermessen ist auch ein Versuch, dem gerecht zu werden, was sonst unbemerkt bliebe – dank der Erkenntnis, dass in uns allen Geheimnisse lagern und dass innerhalb dieser Geheimnisse Qualitäten zu entdecken sind. Das ist gar nicht so anders als das, was wir beim Lesen von Tschechow-Erzählungen vorfinden, und wahrscheinlich entspricht es auch ziemlich den üblichen Problemen eines Sohnes, der über seine Eltern nachdenkt und versucht, sie einzuschätzen. Das *wahrste* Leben ist natürlich immer das selbst gelebte. Aber dem Leben meines Vaters, dessen einziges Kind ich bin, und seinen Eigenschaften kann ich am besten gerecht werden, indem ich beschreibe, wie er es in meinen Augen lebte, ohne dass diese Wahrnehmung überlagert wird vom späteren, unglücklichen Wissen. Er lebte so, als gäbe es immer ein Morgen, bis zu dem Augenblick, als es keins mehr gab.

Also dann, die letzten zwölf Jahre im irdischen Leben meines Vaters. Sie sind nicht viel einfacher zu beschreiben als die frühen Jahre, denn auch in dieser Zeit war er nicht viel bei uns. Meine Erinnerungen an ihn während meiner Jugend, zwischen fünf und sechzehn, stechen denn auch aus der Zeit hervor wie einzelne Inseln aus dem horizontfüllenden Meer seiner Abwesenheit. Ereignisse aus der Zeit, als ich neun war, vermischen sich vage mit anderen, als ich zwölf und vierzehn war. Und hatte seine Abwesenheit eine Zeitlang einer Art von Anwesenheit entsprochen, so war es jetzt umgekehrt, als mein eigenes Leben mit seinen Sorgen herandrängte. In jenen Jahren scheint es, als hätten wir irgendwie noch weniger von ihm gehabt, auch wenn es mehr war.

Er wurde wieder gesund – zumindest in gewisser Weise. Damals gab es noch keinen chirurgischen Eingriff für das, was er hatte. Er bekam auch keine Tabletten. Eine Rekonvaleszenzzeit sollte er sich nehmen – einen Gang runterschalten. Von meiner Warte aus war er im Krankenhaus und nahm dann sein Leben wieder auf.

Er ließ das Rauchen sein, aber Sport machte er nicht. Sein

Revier abzufahren wurde für anstrengend erachtet, und da ich noch nicht eingeschult war, fuhren meine Mutter und ich wieder mit, diesmal saß sie am Steuer. Als es unpraktisch wurde, mich mitzunehmen – ich war vier –, schickten sie mich nach Little Rock, zu meinen Großeltern ins Marion. Ich weiß nicht mehr, wie lange das so ging. Ein Jahr vielleicht, in dem ich immer zwischen Jackson und Arkansas pendelte, während die beiden dasselbe taten wie vor meiner Geburt, ihr Leben *on the road* fortsetzten, während er sich erholte und zu Kräften kam. Wahrscheinlich fanden sie es großartig.

Mein Größerwerden beendete natürlich dieses Arrangement. Erst Kindergarten, dann Schule. Jetzt konnte sie ihm nur noch im Sommer als Fahrerin helfen. Um sich die Zigaretten zu verkneifen, gewöhnte er sich opportunistisches Pfeifenrauchen an, das hielt man damals für besser. Er nahm wieder zu. Er bekam Hämorrhoiden und an beiden Füßen große Hühneraugen (die er mit dem Rasierhobel wegschnitt, auf der Bettkante zu Hause, während ich zusah). Inzwischen humpelte er – vermutlich von den Hühneraugen. Sein Gemütszustand war zunehmend *belastet*. Er wurde kurzatmiger, keuchte. Noch mehr Haarausfall. Irgendein übel defektes Produktionsdetail der Dienstwagenmodelle von Ford – ein Mangel im Design der Vordertürrahmen – führte mehr als einmal dazu, dass er sich die Hand beim Türschließen verletzte. Das war zu einer Zeit, als man bei so etwas die Firma noch nicht verklagte. Er versuchte, besser aufzupassen. Aber insgesamt war er schon geschwächt.

In Kansas City dachten seine Chefs über seine Lage nach

und verringerten seine Pflichten, teilten sein Revier auf und gaben die andere Hälfte an Dee Walker. Meine Mutter verwöhnte ihn nach Leibeskräften. Und trotzdem fühlte er sich vielleicht in der Falle – in der Falle seines schadhaften Körpers, in der Falle eines jetzt anstrengenden Jobs, den er immer geliebt hatte, in der Falle seines Wagens und all der winzigen Hotelzimmer und Cafés, in der Falle der Vaterschaft, mit einem Sohn, den er nur am Wochenende sah – wenn er erschöpft nach Hause kam und Ruhe und Mitgefühl und Schlaf brauchte. Vielleicht fehlte ihm auch die dauerhafte Nähe zu seiner einzigen Liebe, deren Zuwendungen und Zeit jetzt zwischen ihm und mir aufgeteilt werden mussten. Vielleicht hatte er auch einfach nur Schmerzen und Angst.

Ich weiß nicht, wie gläubig mein Vater war – wenn überhaupt. Vielleicht hatte er das mal behauptet – nach seinem Herzanfall. Aber er war kein einziges Mal im Gottesdienst, solange ich ihn kannte. Ich weiß, er fand an Büchern keinen Gefallen – in denen er dasselbe wie wir alle hätte finden können, wenn wir nicht gläubig sind: Zeugnisse, dass es andere Formen gibt, das Leben zu betrachten, als die üblichen, naheliegenden. Einfallsreiche Alternativen zu suchen hätte aber nicht seinen Gewohnheiten entsprochen.

Wie bei uns allen lief bei ihm sicher die innere Erzählung seines Lebens immer mit, aber wie ein Grübler wirkte er nicht. Er neigte auch nicht dazu, sich zu beklagen. Der Gedanke, das Leben sei unzureichend oder müsse entscheidend verbessert werden, lag nicht in seinem Wesen, ebenso wenig, dass er selbst einzigartig oder herausragend und bemerkenswert sei. Offensichtliche Hybris oder großer Ehrgeiz fehlten ihm, und er fügte sich leichter in das Alltagsdasein ein als die meisten anderen – selbst jetzt noch, da sein Dasein so ungewiss geworden war. Meistens war er ein Mensch, der das Leben so nahm, wie es halt kam, und allem, woran er nicht denken wollte, geschickt auswich. Krank zu sein. Diese angeborenen Eigenschaften, die ihn vielleicht für immer auf den ungebildeten Jungen vom Lande beschränkten, haben ihn wohl auch geschützt. Mit der Zeit dachte er vielleicht, die Ärzte würden ihn retten, und gab sich Mühe, vor meiner Mutter als stark dazustehen. Aber bestimmt wusste er auch, dass, selbst wenn er dem Tod immer näher rückte, ihre Liebe zu ihm unverändert bleiben würde. Er war in vielerlei Hinsicht kein geschickter oder gewandter Mann, aber er hatte ein Talent dafür, sich lieben zu lassen – eine durchaus bemerkenswerte Tugend, von der man weitaus mehr hat als von vielen anderen.

Ich kann mich nicht erinnern, dass ich selber meinen Vater oft als krank wahrgenommen hätte. Höchstens dass er krank *gewesen* war, aber jetzt weitgehend wieder gesund. Zweimal, das weiß ich noch, hatte er eine Schleimbeutelentzündung und blieb eine Woche zu Hause im Bett. Und dann die Male, als er sich die Hand in der Autotür einklemmte. Aber vor mir wurde nie über sein Herz gesprochen. Die wichtigen Ereignisse in dieser Lebensphase hatten, jedenfalls für mich, nichts mit seinem Gesundheitszustand zu tun.

Hatte er Angst vor dem Tod und dachte oft daran? Wahrscheinlich beides. Stand er deswegen unter Druck und machte sich Sorgen? Bestimmt. Aber war er jetzt noch mehr Teilzeit-Vater als in meiner frühen Kindheit? Nicht dass ich wüsste. Ich erinnere mich daran, dass ich seine Beziehung zu mir anders empfand als das, was ich bei anderen Jungen mitbekam. Ich kannte schon mal niemanden, dessen Vater Handlungsreisender und deshalb immer weg war. (Dabei könnte es einige davon gegeben haben.) Andere Väter gingen in die Bank oder Apotheke oder arbeiteten im Öl- und Gas-Geschäft oder besaßen Autohäuser und Baufirmen oder waren für Schädlingsbekämpfung zuständig. Dass mir deswegen etwas gefehlt hätte, wäre allerdings falsch. In meinen Augen waren wir keine ausgesprochen ungewöhnliche Familie. Nicht arm. Nicht reich. Eng verbunden, aber davor zurückscheuend – instinktiv und weil es wohl nicht anders ging –, sich ganz in das Leben von Jackson zu integrieren. Zu meinem Heranwachsen gehörte auch die Einsicht, dass der Außenblick auf eine Familie, meine inbegriffen, und das Lebensgefühl in ihrem Inneren immer zwei Paar Schuhe sein würden.

Auf anderen Fotos von ihm aus diesen Jahren meine ich in den weichen, bereitwilligen Zügen meines Vaters ein Zögern, etwas Unverstelltes, das ihn auch einschränkte, einen Hauch entnervte Verweigerung, eine schwache, argwöhnische Vorahnung zu »entdecken« wobei der Betrachter von Fotos immer sein späteres Wissen und seine Bedürfnisse mit einbringt. Und trotzdem, wie hätte das anders sein können? Wir fuhren weiter nach Arkansas und zurück – wo ich wieder häufig bei meinen Großeltern in ihrem großen Hotel abgegeben wurde und glücklich war. Bei anderen Gelegenheiten, wenn meine Mutter mitfuhr, machten wir aus seinen Fachmessen kleine Urlaube. Wir fuhren nach Kansas City, unternahmen kurze Ausflüge an die Küste und dann auch immer wieder nach New Orleans. Manchmal, im Sommer, fuhr ich allein im Auto mit ihm nach Louisiana oder Alabama, während meine Mutter zu Hause blieb und sich ausruhte. Wir schliefen zusammen – das kann gar nicht anders gewesen sein – in drückenden Hotelzimmern, in denselben Betten, wo sie geschlafen hatten, aßen in denselben Drei-Dollar-Restaurants. Ich saß im Auto wie zuvor sie und wartete, während er Termine bei seinen Kleinstadtkunden hatte. Auf diesen Fahrten behandelten mein Vater und ich uns mit unerklärlicher Korrektheit und Höflichkeit. Wenn wir nicht mehr die Aufsicht und gelegentliche Sprunghaftigkeit meiner Mutter um uns hatten, hielten wir uns an eine neue, womöglich ganz natürliche Etikette. Nichts von ihrem früheren Leben unterwegs, bevor ich da war, wurde mit mir einstudiert. Nichts, was sich auf seine aktuelle Situation bezog, wurde beklagt oder auch nur erwähnt. Meine Meinung wurde selten eingeholt, egal wozu. Falls sein Leben in dieser Zeit durch Gesundheitsprobleme oder Sorgen eingeschränkt war, lautete sein Mantra (und natürlich hatte er kein »Mantra«), dass alles ganz normal laufe.

Unter der Woche, wenn er weg war wie immer, machten meine Mutter und ich einfach weiter. Und an den Wochenenden bestimmte sein Wohlergehen (heitere Stimmung, pünktliche Mahlzeiten, Ausflüge aufs Land) praktisch alle Entscheidungen, alle Aktivitäten. Ihr gemeinsames Leben muss in dieser Zeit noch intensiver im Hier und Jetzt verankert gewesen sein, intensiver noch durch mich, durch ihre Nähe zueinander, durch ihre wenigen Verbindungen in Jackson und das unausgesprochene *Leiden* meines Vaters. So funktionieren ganz sicher alle Familien oder würden es in der entsprechenden Situation. Aber wenn ich sage, dass, während ich heranwuchs, mein Leben und das meines Vaters in verschiedene Richtungen gingen, so kann ich auch sagen, dass ich das nie merkte, mich nie benachteiligt oder im Ungewissen gelassen fühlte. Ich war ihr Sohn. Ich vertraute ihnen.

Was nicht heißt, dass es keine untergründigen Spannungen oder Risse gegeben hätte. Das aufbrausende Temperament meines Vaters lernte ich aus erster Hand kennen. Ein Mann kann höflich, liebenswürdig und scheu sein und trotzdem zu Wutausbrüchen neigen. Im Fall meines Vaters brachten ihn ganz sicher die stummen Funktionsstörungen seines Herzens und ein entnervendes Gefühl der Anfälligkeit so schnell zur Weißglut. Vielleicht war er auch deprimiert – ohne das Wort zu kennen. Er hatte keine Hobbys, machte keinen Sport, hatte neben der Arbeit und uns keine Interessen, für die er sich begeistert hätte. Er war impulsiv und in allem, was Geduld erforderte, nicht besonders gut, weil er schnell aus der Haut fuhr. Er kriegte manchmal den Fernseher nicht zum Laufen und wurde jähzornig deswegen. Ähnlich, wenn es ihm nicht gelang, den Benzinrasenmäher zu starten. Er schaffte es nicht, im Freizeitraum des Vorstadthauses – wo wir irgendwann hinzogen – einen Boxsack stabil aufzuhängen.

(Der fiel beim ersten Schlag runter.) Als Entspannungsübung versuchte er Malen nach Zahlen, aber das Porträt eines Golden-Palomino-Pferdes blieb unvollendet. Er scheiterte daran, mir ein Korbbrett für Basketball aufzubauen, mit dessen Hilfe ich später in die Schulmannschaft kommen wollte. Er konnte keinen Drehgrill bedienen, keine Hängematte aufspannen. Wenn er mich halb widerstrebend zu trüben (kostenpflichtigen) Angelseen im Delta mitnahm – Bee Lake – oder auf überfüllte, brütend heiße »Tiefsee«-Touren im Golf, dann fingen wir beide nie was und wurden mürrisch, in seinem Fall aufbrausend. Da wäre er lieber zu Hause bei meiner Mutter geblieben.

Einmal fuhren wir zum Natchez Trace, um einen Weihnachtsbaum zu schlagen – illegal. Er wollte einen kleinen Baum; ich wollte einen großen und setzte mich durch. Aber als wir den Baum ins Haus brachten und er nicht in unser Wohnzimmer mit der niedrigen Decke passte, rastete diesmal ich aus. Ich zerrte den Baum nach draußen, um den Stamm mit einer Handsäge zu kürzen. Mein Vater kam mir nach, selber fuchsteufelswild. Er riss mir die Säge aus der Hand, schnappte sich den Weihnachtsbaum und schnitt ihn *oben* ab – was ihn in meinen Augen verstümmelte. Also riss ich ihm den geschundenen Baum weg und versuchte, so gut ich konnte, ihn *nach ihm zu werfen*. Daraufhin bezog ich eine Tracht Prügel, an die ich lieber gar nicht so genau zurückdenke, so plötzlich und hemmungslos war sie. So etwas kam nicht oft vor, aber gelegentlich schon.

Regelrecht beigebracht hat mir mein Vater über die

Jahre nicht besonders viel, soweit ich mich erinnern kann – außer Fahrradfahren und wie die Gangschaltung bei seinem 3-Gang-Ford Coupé funktionierte. Er brachte mir weder das Lesen bei, noch las er mir jemals vor. Auch Knotenmachen, Jagen, Schießen, Feuermachen und Sicherungs- oder Reifenwechseln habe ich nicht von ihm gelernt. Vielleicht hat er mir gezeigt, wie man einen Köder auf den Haken macht, aber das könnte die falsche Methode gewesen sein, jedenfalls klappte es nie mit dem Fischefangen. Er nahm mich weder mit ins Kino noch ins Schwimmbad. Er sprach nicht über Sex mit mir und nicht über Mädchen, nicht über Religion, seine eigenen Sorgen, aktuelle Ereignisse oder Politik – außer dass meine Mutter und er Roosevelt gut gefunden hatten, auch wenn er nicht dazusagte, warum. Ich weiß nicht, was er über Rassenfragen dachte oder was ich seiner Meinung nach eines Tages werden sollte (dann würde er natürlich auch nicht mehr da sein). Ich weiß nicht mehr, ob ich je eine echte Diskussion mit ihm hatte oder ob er mich danach fragte, was mir durch den Kopf ging. Wenn wir nebeneinander die Straße entlangliefen – zur Post, um sonntagvormittags seine Spesenrechnungen abzuschicken – oder im Auto saßen, auf seiner Vertretertour, worüber redeten wir da? Ich habe keine Vorstellung davon. Die Schule war für mich alles andere als leicht, aber soweit ich mich erinnere, fragte er nie nach meinen Noten oder welche Fächer ich mochte. Das muss er wohl für die Sache meiner Mutter gehalten haben. Bei all dem Hin und Her, das wir gemeinsam absolvierten, wurde natürlich auch geredet, das vorbeiziehende Leben wurde kommentiert, es wurde zusammen gelacht, Stimmungen wurden geäußert, Ansichten ausgetauscht, völlig klar. Aber all das wurde von der Zeit überrollt, von den nachdrängenden Ereignissen. Ich wünschte, ich könnte mich daran erinnern, und sei es nur, weil die Tatsache, es zu vergessen, unser Leben in ein falsches Licht rückt, er und ich zusammen wirken dann einsam und einander fern, und das waren wir, ganz ehrlich, nicht. Wenn ich durch den Dunst all dieser kaum gespeicherten Einzelheiten an meinen Vater denke, läuft die wahrste und liebevollste Erkenntnis über ihn darauf hinaus, dass er kein *moderner* Vater war. Ja, selbst damals, als ich ihn am besten kannte, schien er von einem anderen Ort, aus einer anderen Zeit zu kommen, von weit her.

Und doch. Er begleitete meine Mutter und mich zum Baptist Hospital, als ich acht war und meine Mandeln und Rachenmandeln am selben Tag herausgenommen bekam. Einmal, als ich Asthma hatte, behandelte er mich geduldig mit einem Menthol-Inhaliergerät – auch wenn das plötzlich kaputtging und mir heißes Wasser ins Gesicht sprühte. Was ihn zum Weinen brachte. Er kaufte mir mehr als einen Hund und mindestens drei Katzen, von denen eine bei einem Zurücksetzmanöver meiner Mutter in der Einfahrt unter die Räder kam. Es gab mehrere Osterhühner, zwei Enten und zwei Kaninchen, die sämtlich irgendwann verschwanden. Ab und zu sahen wir uns zusammen eine Partie Highschool-Football an – obwohl wir keinen der Spieler kannten und immer vor dem Ende gingen. Er kaufte mir einen Baseballhandschuh (einen billigen) und übte dann ab und zu im Garten Fangen mit mir – besonders gut war er aber nicht darin, hielt es nie lange aus und schien auch nie Spaß dabei zu haben. Einmal, als ich mit meiner Junioren-Mannschaft aus der Babe-Ruth-League mal wieder besonders schlecht spielte, war das prompt einer der seltenen Abende, an denen er gekommen war. Im dunklen Auto auf dem Heimweg wirkte er enttäuscht und sagte, ich müsse aber wirklich besser spielen, dann meinte er, es sei schon okay. Später, in der Mittelstufe, fuhr er mich regelmäßig auf seinem montäglichen Weg aus der Stadt zur Schule, an den anderen Tagen war er nie da.

Während ich diese Geschehnisse festhalte, wird mir klar, dass meine Schilderungen aus der Kindheit so wie viele andere – die Zeit ist nun mal gnadenlos – unvollständig oder mangelhaft wirken könnten. Aber ich glaube nicht, dass ich je links liegengelassen wurde oder den Kürzeren zog oder dass mein Vater jemals etwas anderes als ein guter Vater war – so gut er eben sein konnte. Damals hätte ich das nicht so sagen können, aber zum unausgesprochenen Teil meines Bewusstseins gehörte wohl, dass ich der einzige Sohn eines Mannes war, der in seinem Leben gegen viele Widrigkeiten ankämpfen musste. Welche Wirkung er auf mich hatte, kann ich nur ahnen. Aber ich kann doch sagen, dass ich als sein Sohn heute weiß, das Leben ist kurz und teilweise unzulänglich, und um es überhaupt annehmbar zu machen, müssen manche Dinge grundlegend vermieden, für andere muss Ersatz gefunden werden. Fast das Einzige, was nicht weggeht, ist die Liebe.

Die Abwesenheit meines Vaters wurde also, in einem Moment, als ich erwartbar mehr hätte beobachten und im Kopf behalten können, immer mehr zu einer unbemerkten Selbstverständlichkeit, zu etwas, womit ich umgehen konnte, um das ich mir ein eigenes Leben herumbasteln und aus dem ich das Beste machen konnte.

Eigentlich – fand meine Mutter – hätte ich den Einfluss meines Vaters jetzt mehr denn je gebraucht. Auf der Schule war ich undiszipliniert, ein Störer. Schlecht im Lesen. Ich redete immer noch zu viel. Ich lernte nicht, brachte schlechte Noten nach Hause und war verschlossen, mutwillig und unberechenbar, mit zehn – alles typisch für einen Jungen mit undiagnostizierten Lernproblemen und einem weitgehend abwesenden Vater. Eine härtere Hand wäre vielleicht von Nutzen gewesen.

Doch ganz gleich, wie sehr von mir erwartet wurde, mich mehr in seinem Blickfeld bemerkbar zu machen, er war immer noch die meiste Zeit weg, so dass mir wenig bewusst werden konnte, wie er oder ich in diese neue, dringlicher prägende Phase meines Lebens hineinpassten. Wir wurden beide älter, aber ich hatte nicht das Gefühl, dass wir beide zusammen irgendetwas *wurden*. Trotz der Erwartungen blieb er ein Gewicht – wie die Schwerkraft –, das ich irgendwie von der Seite her spürte. Eine weitgehend unauffällige Kraft.

Wenn er am Wochenende nach Hause kam, wurde das Leben weder besser noch schlechter. Unser Haus war mit ihm darin einfach kleiner. Wir trafen häufig, aber unregelmäßig aufeinander, sein Gewicht lastete nicht ständig auf mir.

Manches kam an die Oberfläche und ging wieder unter. Er war kein Fremder, aber er war *wie* ein Fremder, und vielleicht sah er mich, sosehr es für uns feststand, dass er mich liebte, auch ungefähr so, wie ich ihn sah. Im Lauf der Jahre habe ich manchmal gedacht, dass die Zeit, in der ich meinen Vater hatte, genau in die Lebensphase fiel, in der es für einen Jungen gar nicht so viel bedeutet, einen Vater zu haben. Aber genau das Gegenteil ist der Fall. Nur einem Jungen, dessen Vater meistens nicht da war, könnte es so erscheinen.

Worauf es hier ankommt und meiner Mutter und mir damals auch ankam, sind seine Gefühle und sein Erleben. Die zwölf Jahre zwischen seinem ersten Herzanfall und seinem Sterben, die Zeit meiner späten Kindheit und mittleren Jugend, das war sein einziges Leben, alles, was er noch übrig hatte, und die Zeit, in der er sich selbst am allernächsten kam. Ich sollte so viel Abstand wie möglich zu den Ereignissen gewinnen.

Ich kann mich nicht daran erinnern, ihn unglücklich gesehen zu haben. Er neigte einfach nicht dazu. Auch wenn unsere besondere Version von Vater und Sohn weder selbstverständlich war noch viel Raum bekam. Er wirkte zappelig, wenn er zu Hause war, als suchte er Entspannung und könnte sie nicht so recht finden. Er bekam einen Bauch, seine Haare fielen weiter aus, aber er blieb ein gutaussehender Mann, die beiden, meine Eltern, waren ein gutaussehendes Paar. Wenn ich sein Gesicht auf Bildern aus dieser Zeit sehe – Mitte der Fünfziger –, dann wirkt er immer leicht ungeduldig, als wollte er unbedingt endlich lockerlassen. Er hinkte und hielt sich nicht besonders gerade. Es gab allerdings keine neuen Herz-krisen, keine Verschlimmerung seines Leidens, was immer es genau war – ich hörte nichts darüber. Ich hatte seinen Herz-anfall beinah schon vergessen.

Ich kann nicht sagen, wie viel Freude er an mir hatte, an mir als Sohn – nur dass er nicht so wirkte, als hätte er gar kei-ne. Wenn er aus der Haut fuhr, dann oft mir gegenüber, was angesichts meines Benehmens verständlich war. Wie bei der Geschichte mit dem Weihnachtsbaum. Ein anderes Mal fällte ich ein paar Bäume auf dem Grundstück eines Nachbarn. Ich baute gerade ein »Fort«. Damals wohnten wir schon in den Suburbs. Nach dieser Schandtat sah er rot und verprügelte mich heftig. Meine Mutter und er erlebten ihre eigenen Ärgernisse – manchmal in meiner Gegenwart. Ab und zu wurden sie laut. Meistens war Alkohol im Spiel. Einmal spät-nachts in New Orleans, nachdem wir bei Antoine's gegessen hatten, drückte er sie in der St. Louis Street gegen eine Back-steinmauer. Sie schrien sich an. Aber kein Streit reichte bis zum nächsten Morgen. Sie kamen schon miteinander klar. Das war halt die Art und Weise, *wie* sie miteinander klar-kamen. Und weil sie klarkamen, dauerte es auch nie lange.

Aber ich wurde wachsam – ihm gegenüber, als wäre er un-berechenbarer, als er eigentlich war. Ich ging mit dem, was ich sagte und tat, auf größeren Abstand zu ihm. Das macht viel-leicht jeder Teenager mit seinem Vater so. Ich vertraute mich ihm nicht an, was aber, weil ich ohnehin ein Geheimnis-krämer war, einfach nicht meiner Art entsprach. Ich bat ihn nicht oft um etwas – Kleingeld, mal sein Auto, nachdem ich die 15 hinter mir gelassen hatte, die Erlaubnis, mir ein Motorrad zu kaufen und als Zeitungsjunge zu jobben, alles kein Problem. Wie gesagt, ich war nicht gut in der Schule, aber er schien sich weder aktiv einschalten zu wollen noch sich deshalb Sorgen zu machen. Vermutlich war auch er nicht gut in der Schule gewesen und wusste, es gab Lebenswege, die ohne die Schule, ohne große Leistungen funktionierten. Wäschestärke verkaufen zum Beispiel. In seine Fußstapfen treten. Davon war allerdings nie die Rede.

Klar im Mittelpunkt meines Lebens stand meine Mutter. Für sie hätte ich auch mehr zum Mittelpunkt werden können – angesichts eines angeschlagenen Ehemanns, der vielleicht nicht mehr lange zu leben hatte. Sein Mittelpunkt jedenfalls war eindeutig sie. Schon damals war mir bewusst, dass ich an dritter Stelle stand. Ideal für mich, so konnte ich sie beobachten – aufschnappen, was sie hinter geschlossener Tür besprachen, nachts auf die Bettfedern lauschen, wenn er sie in ihrem Zimmer besuchte –, ohne dabei viel Aufmerksamkeit auf mich zu ziehen. Dass sie so sehr eine »Einheit« bildeten, ließ mir Freiraum und wurde zu einem weiteren Luxus, der aus der Konstruktion unseres Lebens erwuchs.

Wenn er am Freitagabend zurückkehrte und seine Pakete mitbrachte, von wo immer er gerade kam, dann war Edna sein eigentliches Ziel. Wenn er lachte (was oft geschah), dann über etwas, das sie gesagt hatte. Wenn er etwas nicht verstand (keine Seltenheit), dann erklärte sie es ihm. Wenn zu Weihnachten die Schwiegereltern kamen oder wenn wir nach Little Rock fuhren, schaute er auf sie. Wenn er zu seiner Mutter nach Atkins fuhr, saß oder stand er neben meiner Mutter. Er war ihr Beschützer, aber sie war auch der seine. Das mag bedeuten, dass ich weiter vom Mittelpunkt der Dinge entfernt war; aber ich habe mein ganzes Leben in der Überzeugung gelebt, dass genau so Familie funktioniert.

Irgendwann, als ich fast zehn war, 1954, merkte ich, dass mein Vater sich nach den Suburbs sehnte und überdies nach einem neuen Auto – etwas Besserem als dem Dienstwagen-Ford. Zwei neue Dinge, die ihm und nur ihm allein gehören würden. Irgendein vielversprechender Aspekt des Lebens muss plötzlich in Reichweite gewesen sein oder knapp außerhalb und umso dringlicher. Er wollte diese Sehnsüchte stillen, als hätte er es eilig.

Neue Autos tauchten in unserer Einfahrt in der Congress Street auf. Das waren *Vorführwagen* – ein Begriff aus der Kunst des Verkaufens, der heute verlorengegangen ist. Brandneue zweifarbige Dodges kamen an, mit Heckflossen und großen spiegelnden Stoßstangen und wippenden Antennen. Glänzende Chevrolet Bel Airs. Viel schönere Fords. Ein verchromter Pontiac Star Chief für zwo sechs. Diese Wagen wurden von jungen, schlanken Vertretern mit Bürstenschnitt für Wochenendprobefahrten zu uns gebracht, wobei sie die meiste Zeit vor der Tür standen, damit die Nachbarn sie sehen und kurz annehmen konnten, sie gehörten uns. Dann stand mein Vater auf unserem winzigen Rasen vor dem Haus, rauchte seine Pfeife, betrachtete die Autos sorgfältig oder sinnierte aus dem Schlafzimmerfenster schauend über sie nach, im Entscheidungsprozess vermutlich. Dann, am Montag, wurden sie wieder zurückgebracht. Meine Mutter und er hatten sich entschieden, auch wenn ich nicht erfuhr, wie im Einzelnen.

Aber an Samstagnachmittagen und sonntags nach der Kirche drängten wir uns alle drei in das neue Auto (das nicht uns gehörte) und machten eine Testfahrt nördlich aus der City hinaus, in die neuen, sich ausbreitenden Suburbs, wo wir in den Träumen meines Vaters bald wohnen würden. Meadowbrook, Northside, Hanging Moss, Sherwood Forest, Watkins Drive. Sackgassen. Willkürlich aneinandergereihte Bauunternehmer-Erschließungen. Viele dieser zukünftigen Trabantenstädte waren nicht mehr als Felder einzelner Farmer oder Kieferngestrüpp, hangabwärts Richtung Pearl-River-Sumpf, wo Wild und Luchse und Truthähne lebten und bald schon durch Straßen, Häuser und Schulen vertrieben würden. Käufer konnten sich entweder für ein Grundstück entscheiden oder für ein halb fertiges, spekulativ gebautes Haus oder ein schlüsselfertiges Modellhaus inklusive Mobiliar. Nicht weit davon schlich der Interstate Highway gen Norden. Das würde bald alles betoniert werden, von hier bis Chicago.

Wonach mein Vater sich ganz genau sehnte – wenn wir langsam durch diese schicken »Vorführ«-Viertel tuckerten, von einer gewundenen, unfertigen Straße zur nächsten, Wochenende um Wochenende, viel Zeit, in der ich anderes hätte tun können, aber bei ihnen sein musste, während mein Vater den Blick sehnsüchtig über die vorbeiziehenden Häuser schweifen ließ, als könnte er dort die Erfüllung all seiner Wünsche erspähen –, das weiß ich nicht.

Einmal, schon spät an einem verhangenen Sonntag, gerieten wir auf eine Schotterpiste, die wohl zu einem Versteck für knutschende Teenies führte, ein handschriftliches Schild pries Grundstücke an. Am Ende standen Polizeiwagen. Irgendein Bursche hatte dort im Wald seine Freundin umgebracht und dann sich selbst. Ein uniformierter Streifenpolizist trat an unser geliehenes Auto, beugte sich hinein, schüttelte den entblößten Kopf. »Leute, Leute, das wollt ihr gar nicht sehen, was da hinten los ist«, sagte er, »das könnt ihr mir glauben.« Wir wendeten und fuhren langsam nach Hause, als hätten wir bei unserer Suche den Punkt erreicht, wo die Zivilisation endete.

Natürlich könnte man diese neue Sehnsucht meines Vaters einfach als absolut normal betrachten. Wahrscheinlich ahnte er, dass ihm nicht mehr viel Zeit blieb, und hielt sich deshalb an die Idee eines neuen Hauses und eines schicken Autos fest, reinvestierte eifrig in die Welt, als wäre die Verheißung von mehr Leben ein Teil dieses Geschäfts. Ebenso gut ließe er sich – ausnahmsweise – mal als Mann seiner Zeit betrachten. Selbst wenn die Suburbs gar nicht sein erspähtes Wolkenkuckucksheim darstellten, so waren sie doch da, brandneu und für ihn erreichbar – den Jungen vom Lande, der keine Lust hatte, aufs Land zurückzukehren, der über seinen Stand hinausgewachsen war und die Freiheit entdeckte, Ziele in Betracht zu ziehen, die viele andere Menschen auch beschäftigten.

Inzwischen gefiel es mir natürlich in der Congress Street. Ich hatte Freunde – ein paar. Der Unvermeidlichkeit der

Schule hatte ich mich gefügt. Die drohenden Vorahnungen meines Vaters waren mir fremd, meine Welt funktionierte nach relativ schlichten Prinzipien. Man wohnte, wo man wohnte, kannte, wen man kannte. Wenn meine Eltern über den Umzug sprachen, Abende am Esstisch verbrachten, an denen sie wieder und wieder ihre Finanzen durchrechneten, eine Strategie planten, um mich bei einer neuen, »besseren« Schule anzumelden, uns wegzuverpflanzen von Nachbarn, die sie kannten, zu Nachbarn, die sie nicht kannten – da wurde ich nicht gefragt. Die sonntäglichen Fahrten, die Häuser, das alles nahm ich nicht so ernst. Meine Eltern kamen mir nicht vor wie Leute, die ihr Leben drastisch änderten, wenn es einmal an seinem Platz war – und das war es doch. Selbst von heute aus gesehen kommen sie mir nicht so vor. Ein weiteres Mal beschäftige ich mich mit ihrem Anderssein, und sie entziehen sich, wie es Eltern zu tun pflegen.

Ein paarmal wurde es knapp, mein Vater rückte immer näher an einen Hauskauf heran. Ein Angebot wurde zögerlich einem Mr. Culley unterbreitet, aber von diesem abgelehnt, was bei meinem Vater für böses Blut sorgte. Und einmal ließ er sich vom *Town and Country*-Magazin einfache Baupläne zuschicken. Zahlreiche Gespräche wurden mit Bauunternehmern geführt – großen Männern in Khakihosen und weißen Hemden; mein Vater steht zwischen ihnen auf irgendeiner halbfertigen Straße und zeigt mit seinen zusammengerollten Plänen auf eine Parzelle, wo unser Zuhause entstehen könnte. Ein fertiges Haus gefiel ihm sehr, aber die Bank wollte ihm dafür keinen Kredit geben. Er wurde immer beharrlicher und ungeduldiger, war aber zu höflich, zu steif und zu unwissend – trotz der Unterstützung durch meine Mutter –, um einen Treffer zu landen.

Die Zeit verging. Vielleicht träumte er nachts immer lebhafter davon, wie ich den Rasen mähte und er zuschaute. Von sich dahinschlängelnden Straßen ohne Bürgersteig, wo keine Unsesshaften in der Nachbarschaft hausten, von einem gelben Schulbus, der mich abholte, von seiner Wochenend-Heimkehr in ein neues Haus mit neuen, wesensverwandten Nachbarn und vom Anblick meiner Mutter, die ihn jeden Freitag lächelnd in der Tür empfing.

Sie redeten jetzt immer öfter und vernehmlicher darüber, dass ich auf eine bessere Schule gehen »müsse«. Was mit der, auf die ich ging, nicht stimmte, wurde nicht erklärt. Ich bekam auch Bemerkungen mit, dass sie das Haus in der Congress Street vermieten könnten, um so, über mehr Einkommen, ihr Eigenkapital aufzustocken. Es war sogar die Rede davon, dass die Eltern meiner Mutter ihnen »aushelfen« könnten. Das Gehalt meines Vaters bei Faultless war nur auf zweihundertfünfundsiebzig im Monat angestiegen. Allmählich, aber spürbar, stieg etwas anderes an – Spannung? Vorfreude? Dringlichkeit?

Bis sie, eines Tages, ganz plötzlich ein Haus kauften – vielmehr mein Vater. Einfach so, war mein Eindruck. Ich hatte es nie zuvor gesehen, obwohl es in einer der Straßen lag, durch die wir oft getuckert waren. Berlin Drive, Nummer 4262.

Das Haus war neu und blassgrün gestrichen – wie die Häuser in Gentilly –, hatte eine Lorbeereiche im Vorgarten, einen

Carport, drei Schlafzimmer, eine rote Haustür. Es stand auf einem 2000-Quadratmeter-Grundstück (da steht es heute noch). Nebenan, in der 4276, wohnten junge Leute, die Barfields, die wirklich wesensverwandt waren. Auf der anderen Seite offenes Land. Die Straßen in der Nähe hießen alle nach berühmten europäischen Städten. Athen, Brüssel, London – jede hatte ihre Straße. Mit der Zeit würde hier ein Viertel entstehen. Der Bauunternehmer war ein gewisser Mr. Charles Galloway. Exakte Repliken unseres Hauses standen in anderen Straßen nicht weit entfernt, aber in anderen Farben. Das eine hatte den Carport auf der anderen Seite. Ich fand diese Vervielfachungen seltsam und enttäuschend. Falls sie meinem Vater auffielen, erwähnte er es nicht.

Wie versprochen, unterstützten uns die Eltern meiner Mutter. Mein Vater hatte nicht genug für die Anzahlung parat – 1700 Dollar, zehn Prozent des verlangten Kaufpreises von 17000, weniger, als heutzutage ein gebrauchter Ford kostet. Ein Darlehen wurde verabredet. Die monatlichen Zahlungen würde er schaffen. Sie würden das Haus in der Congress Street behalten. Vielleicht war ihm dieses Geld von den Schwiegereltern peinlich, eine Herabsetzung. Aber das sagte keiner. Kurz darauf wurde auch ein Oldsmobile 88 gekauft, nagelneu aus dem Autohaus – keine Ahnung, mit welchem Geld. Er war aschgrau, mit rosa Dach – diese Farbkombination war damals in Mode.

Ich erwähne unser neues Haus und unser schickes Auto deshalb so detailliert, weil sie zusammen die letzten Ereignisse meines intakten Familienlebens waren, die uns Anlass zum

Feiern gaben. Möglich, dass meine Eltern sich schon auf einer langen Straße der Ungewissheit befanden und mein Vater versuchte, diesem letzten Stück Gegenwart Dauer zu verleihen. Die Suburbs verhalfen ihm zu einem Gefühl von Erfolg, von Zugehörigkeit, ihm war es gelungen, sowohl Abstand zu seiner Herkunft zu gewinnen als auch willkommene Ablenkung von seinen gesundheitlichen Problemen – alles Beweise dafür, dass er nicht versagt hatte. Mit anderen Worten, Fortschritt. Mississippi – bislang nichtssagend und gleichgültig – stand jetzt dafür, dass er hier als Mann unter selbstgeschaffenen Umständen lebte. Er war unsichtbar, aber anders, als er bislang unsichtbar gewesen war. Daraus zog er eine nahezu vollständige Befriedigung.

Kaum hatten wir uns im Berlin Drive eingerichtet und ich in der neuen Schule angefangen (die ich, große Überraschung, nicht ausstehen konnte), kaum hatte er wieder mit der Arbeit angefangen – montags weg, freitags zurück –, wurde das Familienleben weniger greifbar, und das war tatsächlich eine Überraschung. Ich glaube, das bringen die Suburbs mit sich. Ich weiß, dass mein Vater glücklich war. Sein Humor meldete sich zurück. Er erzählte wieder Witze und sang ab und zu – entspannter wurde er allerdings nicht. Das zeigen erneut die Fotos von damals. Unsere neuen Nachbarn mochten ihn, mochten sie beide, obwohl klar war, dass er nicht viel zu Hause sein und dass ich de facto eine gewisse Belastung für die Nachbarschaft darstellen würde.

Für mich rückte er weiter an den Rand, wurde noch weniger präsent, weniger Gewicht als Schatten. Dies hätte das erwartete »Später« sein können, in dem er mir etwas beibrachte und wir uns näherkamen. Aber es gab kein später, obwohl ich wiederum sagen muss: Um etwas betrogen fühlte ich mich nicht.

Er ließ einen Beton-Patio bauen, kaufte eine neue Hängematte und eine Klimaanlage für seinen Dienstwagen. Hinter das Haus pflanzte er Pinien, allerdings zu viele und zu nah beieinander, so dass sie nicht recht gediehen. Er setzte Tomaten. Er pflanzte St.-Augustin-Gras und Azaleen und eine Magnolie – den Wappenbaum des Staates. Und kaum war dieses neue Leben in Gang gekommen, machte er sich brütende Sorgen über seine Mutter in Atkins. Sie war in ihren Achtzigern, mit ihr ging es bergab. Er fürchtete, dass sie bald sterben würde. Also fuhr er, um sie so oft wie möglich zu besuchen, andauernd die weite Strecke hin und zurück. Allerdings kam er auch öfter zu meinen Baseballspielen, und am Wochenende unternahm er Spritztouren mit seinem neuen Auto. Einmal, als ich es mit der Polizei zu tun bekam, weil ich Auto-Ersatzteile geklaut hatte, legte er unerwartete Geduld und Gnade an den Tag, was man von meiner Mutter nicht behaupten konnte.

Fielen ihm jetzt andere Dinge ein, die er tun könnte, außer unterwegs und weg von uns zu sein? Er war noch nicht mal fünfundfünfzig. Hatten die beiden, frisch niedergelassen, jetzt auch neue Pläne? Redeten sie von der Zeit, als sie zu zweit gewesen waren, und davon wie weit sie es nun gebracht hatten? Ich weiß es nicht, mein Blick auf unser Leben beruhte viel zu sehr auf Kontinuität und auf der Gewissheit meines eigenen Stehvermögens. Da meine Eltern praktisch nichts von ihren Bedenken und Ängsten, von ihren neuen Sehnsüchten erzählten, konnte ich mir davon kein annähernd so gutes Bild machen wie von meinen eigenen. Gut denkbar, dass sie eine erfüllte Zeit miteinander erlebten. Am wahrscheinlichsten aber ist, dass sie gar nicht groß über die Zukunft nachdachten, sie würde halt geschehen.

Was sie ja auch tat.

Im Rückblick wirft der kommende Tod leicht ein allzu dramatisches Licht auf die Ereignisse direkt davor.

Wie gesagt, soviel ich wusste, war er nicht krank gewesen. Es hatte keine weitere gesundheitliche Krise gegeben. Vielleicht hatte ihm mein Problem mit der Polizei Sorgen bereitet. Aber da er sich in der Sache recht verständnisvoll gezeigt hatte, konnte ich mir mittlerweile vorstellen, dass er und ich uns jetzt wirklich annähern würden. Mein sechzehnter Geburtstag stand kurz bevor, der 16. Februar 1960. Er schenkte mir eine einfache Gibson-Gitarre, die ich mir sehr gewünscht hatte, und ein paar Gitarrenstunden obendrein. Meine Mutter und er waren fröhlich. Er war kurz vorher beim Senior-Bowl-Footballspiel in Alabama gewesen – allein hingefahren, weil ihm danach war – und hatte sich gefreut, dass das problemlos klappte. Es war, als hätte sich für ihn eine neue *Weite* im Leben aufgetan.

An einem Freitagabend kam er wie immer nach Hause: Wiedersehensfreude – jedes Mal, als käme er gerade mit dampfenden Tamales aus Louisiana – erfüllte unser neues Haus. Helle Lichter. Drinks in der Küche, Lachen, seine Witze, Rückblick auf die zu Ende gegangene Woche. Meine Mutter hatte Bœuf Stroganoff gekocht – ein neues Gericht. Ich guckte *Tausend Meilen Staub*. Sie gingen in das Schlafzimmer meiner Mutter und machten die Tür hinter sich zu. Irgendwann später ging er schlafen, ich blieb bis Mitternacht vor dem Fernseher. Dann ging ich ins Bett.

Um sechs wachte ich davon auf, dass meine Mutter den Namen meines Vaters sagte. »Carrol.« So nannte sie ihn. »Wach auf, Carrol. Wach auf. Was ist los? Wach auf.« Dann lauter: »Wach auf!«

Ich stand auf, trat im Schlafanzug in den Flur und an die Tür des nächsten Zimmers, das seines war. Meine Mutter beugte sich über das Bett, über ihn. Mein Vater lag da und rang nach Luft. Seine Augen waren geschlossen. Er rührte sich nicht, keuchte nur. Er sah grau aus, seine Haut. »Wach auf!«, sagte meine Mutter beharrlich, aber anders. »Carrol, wach auf.« Sie hielt ihn bei den Schultern, legte ihr Gesicht an seins und schüttelte ihn. Aber er rührte sich nicht. »Richard, was hat er?«, sagte sie, drehte sich um, sah mich an. Sie stand kurz vor den Tränen, am Rande des Ungeheuerlichen und wurde langsam panisch. Es war der 20. Februar 1960, vier Tage nach meinem Geburtstag.

Ich weiß nicht, ob ich »Ich weiß nicht« antwortete. Aber ich trat näher, setzte mich auf sein Bett, legte meine Hände um die Schultern meines Vaters und schüttelte ihn. Heftig. Nicht so stark, wie ich gekonnt hätte, aber heftig. Mehrere

Male sagte ich seinen Namen – Daddy. Er holte tief Luft und atmete mühevoll aus – das brachte seine Lippen zum Flattern, als versuchte er zu atmen (aber ich glaube, da war er eigentlich schon tot). Mit beiden Händen hielt ich sein Gesicht nach oben, mit den Daumen drückte ich seinen lockeren, fleischigen Mund auf, seine Zähne, und ich hielt meinen Mund über seinen und atmete in ihn, in Mund und Hals hinein, in seinen Brustkorb (wie ich mir einbildete). Ich wusste nicht, wie das ging oder ob es überhaupt sinnvoll war. Ich hatte nur gehört, dass so was gemacht wurde. Und ich machte es mehrmals, bestimmt zehn Mal. Das Ergebnis meiner Bemühungen, für ihn zu atmen, meinen Atem zu ihm zu bringen und ihn aufzuwecken, damit er weiterlebte, war gleich null. Er atmete nicht mehr und gab auch keinen Laut mehr von sich.

Nach einiger Zeit auf den Knien neben ihm – da muss mich schon der Gedanke angeflogen haben, dass er tot war – stieg ich vom Bett und wandte mich zu meiner Mutter um, die inzwischen zurückgewichen war in die offene Tür und die Fäuste an die Schläfen hielt, während sie beobachtete, was vor ihren Augen passierte. Ich weiß nicht, ob ich etwas zu ihr sagte. Vielleicht unterdrückte ich einen Laut tief in mir. Aber meine Mutter sagte: »O nein. O nein, nein, nein, nein, nein, nein, nein.« Da ging ich an ihr vorbei – während sie das sagte – und den Flur hinunter, um den Arzt zu rufen. Er wohnte nicht weit entfernt. So etwas – dass der Arzt nach Hause kam – war damals wesentlich üblicher als heute.

Der Rest lässt sich leicht erzählen, ist aber weniger wichtig für mich. Mein Vater, der an diesem Tag starb, liegt begraben in Atkins, Arkansas – nicht neben seiner Frau, sondern neben seiner Mutter und seinem Vater. Als mein Vater im Bestattungshaus in Jackson lag, schon einen Tag lang im offenen Sarg, da kam sein Bruder Pat von Little Rock runter, fragte niemanden um Erlaubnis und ordnete sang- und klanglos an, dass die Leiche meines Vaters auf einem Güterwaggon nach Atkins gebracht und dort im Familiengrab bestattet werde, das zu klein war, um später auch meine Mutter aufzunehmen. Erst Stunden nachdem der Zug abgefahren war, erfuhr meine Mutter, die völlig neben sich stand, von dieser Eigenmächtigkeit. Es war zu viel für sie und zu spät, noch etwas daran zu ändern – so empfand sie es. Ich war zu jung, um ihr zu helfen. Die Mutter meines Vaters, Minnie, lebte immer noch, mit 83 Jahren, geboren im County Cavan. So wurde das damals gemacht: Zu guter Letzt bekam ihn seine Mutter.

In dieser Tat lebt kränkendes Unrecht fort. Unabänderlich. Am Ende war er endgültig weg von meiner Mutter. In ihrem Denken – ob berechtigt oder nicht – würden sie nicht gemeinsam in die Ewigkeit eingehen. Das ist nicht das Traurigste, was ich kenne. Aber es gehört dazu. Aus Respekt vor ihnen beiden und aus Liebe besuche ich keines der beiden Gräber, denn sie hatten das Leben am leuchtendsten erlebt, wenn sie zusammen waren, und so will ich an sie denken, an beide, zusammen.

Doch es vergeht kein Tag, kaum eine Stunde, in der ich nicht in irgendeiner Hinsicht an meinen Vater denke. Viel davon habe ich hier aufgeschrieben. Manche Männer haben ihre Väter ihr ganzes Leben lang, wachsen heran und werden zu Männern in der Nähe und unter den Augen ihrer Väter. Meinem Vater war das nicht vergönnt. Und ich kann mir so ein Leben zwar vorstellen, aber *nur* vorstellen. Der Schriftsteller Michael Ondaatje schrieb über seinen Vater: »Mein Verlust lag darin, dass ich nie als Erwachsener mit ihm sprechen konnte.« Das empfinde ich ebenso – und auch anders. Hätte mein Vater länger gelebt als die Zeit, die ihm zugemessen war, ich hätte vermutlich nie ein Wort geschrieben, so groß wäre sein Einfluss auf mich bald geworden. Es wäre zwar ein erträglicher Verlust gewesen, nie ein Wort geschrieben zu haben – wir müssen alle das Beste aus dem Leben machen, das uns gegeben wurde –, aber dann gäbe es jetzt nicht diese schmalen Aufzeichnungen über meinen Vater, über seine ansonsten unsichtbaren Freuden und Mühen und Qualitäten – Eigenschaften, die bei jedem von uns Aufmerksamkeit verdient haben. Diese Aufzeichnungen nicht zu hinterlassen wäre für seinen Sohn allerdings ein trauriger Verlust.

Teil 2

MEINE MUTTER, IN MEMORIAM

Meine Mutter hieß Edna Akin, und sie wurde 1910 in der äußersten nordwestlichen Ecke von Arkansas – Benton County – geboren, wo der Ort genau liegt, weiß ich nicht und wusste es noch nie. Nicht weit von Decatur oder Centerton. Vielleicht gibt es das Städtchen gar nicht mehr. Oder es war nicht mal eins – sondern nur ein Ort auf dem Land. Da oben ist man fast schon in Oklahoma, und 1910 war das eine raue Gegend, spürbar ein Grenzgebiet. Nur zehn Jahre zuvor liefen hier noch Diebe und Banditen frei herum. Aber damals lebte der wilde Sheriff Masterson noch und hatte Kansas erst vor kurzer Zeit verlassen.

Ich erwähne das nicht, weil dieser Ort romantische Vorstellungen wecken könnte oder weil ich glaube, er gäbe dem Leben meiner Mutter etwas Einzigartiges, sondern, weil diese Welt von heute aus gesehen so abgelegen und unergründlich wirkt und sehr lange vergangen; und weil meine Mutter, die ich sehr gut kannte, mein Bindeglied zu dieser Fremdheit darstellt, von der ich nicht viel weiß und nie wusste. Dieser Aspekt der Beziehung zu unseren Eltern wird oft übersehen oder geringgeschätzt: Sie verknüpfen uns in unserem begrenzten Lebensrahmen mit etwas, das wir *nicht* sind; das sorgt für Nähe und Fremdheit zugleich und schafft ein fruchtbares Geheimnis – so dass wir auch umgeben von ihnen in gewisser Weise allein sind.

Das Leben meiner Mutter zu betrachten ist ein Akt der Liebe. Meine unvollständige Erinnerung an ihr Leben sollte nicht mit unvollständiger Liebe verwechselt werden. Ich liebte meine Mutter, wie es ein glückliches Kind tut, ohne nachzudenken und ohne zu zweifeln. Und als ich erwachsen wurde, als wir beide Erwachsene waren, die einander kannten, betrachteten wir uns voller Hochachtung. Wir konnten, wenn wir Komplikationen klären wollten, ohne uns lange damit aufzuhalten, immer sagen »ich hab dich lieb«. Das kommt mir heute so ideal vor wie damals.

Bekanntlich waren meine Mutter und mein Vater kein Paar, dem die Geschichte viele Chancen eröffnet hätte. Vielleicht weil sie nicht reich waren oder weil sie beide vom Land kamen und kaum Bildung genossen hatten oder weil sie insgesamt wenig von der Welt wussten. Für meine Mutter war Geschichte bloß privater Kleinkram. Zu vernachlässigende, teilweise gemeine Restbestände. Nichts an ihrer Vergangenheit war heldenhaft oder erbaulich. Auch wegen der Großen Depression: schwere Zeiten in jeder Hinsicht. Nach ihrer Heirat in den dreißiger Jahren lebten sie schlicht, nur füreinander und von Tag zu Tag. Ab und zu tranken sie etwas, lebten *on the road*, weil mein Vater Vertreter war. Sie hatten Spaß, fanden es nicht nötig zurückzuschauen und taten es auch nicht.

Vom frühen Leben meiner Mutter weiß ich nicht viel – zum Beispiel, wo ihr Vater eigentlich herkam. Akin, das könnten irische Protestanten gewesen sein. Er war ein Fuhrmann, und meine Mutter sprach liebevoll, aber nicht besonders ausführlich von ihm. »Ach«, sagte sie oft, »mein Daddy war ein guter Mensch.« Und das war's. In den dreißiger Jahren starb er an Krebs – aber erst, nachdem meine Mutter ihm von ihrer eigenen Mutter zugeschoben worden war, fast wie ein Straßenkind. Da war sie keine zwölf. Ich meine, sie hätten, Vater und Tochter, in der tiefsten Provinz gewohnt, in Ozark, nicht weit von ihrem Geburtsort, und für sie war das wohl eine gute Zeit, solange es hielt. Wie lang genau das andauerte, weiß ich allerdings nicht, und wofür sie sich als junges Mädchen begeisterte, was sie dachte oder hoffte, hat sie mir nie erzählt.

Von ihrer Mutter gibt es mehr zu erzählen – eine ganze Geschichte. Sie kam aus demselben Hinterland des nördlichen Arkansas und hatte Geschwister. Angeblich floss auch Osage-Blut in ihren Adern – von Indianern auf Ölquellengebieten, die alles verloren hatten. Aber über die Eltern meiner Großmutter weiß ich so gut wie nichts, ich besitze lediglich ein Foto von meiner Großmutter und meiner Urgroßmutter zusammen mit dem neuen, zweiten Mann meiner Großmutter, sie sitzen alle auf einem bäurischen Leiterwagen. Auch meine Mutter ist auf diesem Bild zu sehen, aber im Hintergrund. Sie posieren in einem Fotostudio, vielleicht Mitte der zwanziger Jahre in Fort Smith. Es sollte wohl lustig sein. Meine Urgroßmutter als alte, knurrige Hexe, meine Großmutter streng und hübsch in einem langen Bibermantel und meine junge Mutter mit stechendem dunklen Blick direkt in die Kamera. Besonders komisch ist daran gar nichts.

Irgendwann hatte sie – meine Großmutter – ihren ersten Mann verlassen, den Vater meiner Mutter, und sich mit dem jüngeren Mann auf dem Bild eingelassen, Bennie Shelley – einem Boxer und Hilfsarbeiter. Das könnte auch in Fort Smith gewesen sein. Er ist ein hübscher blonder Junge. Schlank und schnell und clever. »Kid Richard« hieß er im Boxring. Obwohl wir ansonsten nichts Verwandtes haben, trage ich seinen Namen. Meine Großmutter war älter als Kid Richard. Aber um ihn schnell heiraten zu können, belog sie ihn wegen ihres Alters und ließ mal eben acht Jahre verschwinden. Prompt dauerte es nicht lange, bis ihr die Anwesenheit ihrer hübschen Tochter – meiner Mutter – ein Dorn im Auge war.

Deshalb wurde diese eine Zeitlang – anscheinend dauerte nichts im Leben meiner Mutter länger als eine Zeitlang – auf das Internat der St. Anne's Academy geschickt. Ebenfalls in Fort Smith. Ihr Vater oben in den Bergen – der aber nicht mehr ihr Vormund war – hielt das bestimmt für eine gute Idee, denn er bezahlte den Nonnen ihr Schulgeld. Ich weiß nicht, was meine Großmutter – die Essie hieß oder Lessie oder kurz Les – mit der Zeit anfing, während deren meine Mutter auf diese Schule ging, es waren nur drei Jahre, bis zur neunten Klasse. Vermutlich versuchte sie, Bennie Shelley besser in den Griff zu kriegen. Der stammte aus Fayetteville und hatte noch Familie dort. Er hatte immer, wenn er nicht boxte, als Kellner gearbeitet und nahm bald eine Stelle im Speisewagen des Rock-Island-Zuges an, mit anderen Worten, er verbrachte sein Leben in El Reno und, soweit die Zuglinie reichte, bis Tucumcari. Sie versuchte ihn zu beherrschen, keine Frage, und daran arbeitete sie sich mit mittelmäßigem Erfolg für den Rest ihres Lebens ab. Sie muss gespürt haben, dass sie mit ihm weit kommen konnte, dass er ihre beste und vermutlich letzte Chance war. Ihr Fahrschein raus aus dem Kaff.

Meine Mutter hat oft gesagt, wie sehr sie die Nonnen von St. Anne's mochte. Sie waren streng. Gebildet. Herrisch. Passioniert. Auch humorvoll. Dort, als Internatsschülerin, lernte sie alles, was sie je zu lernen bekam. Sie war eine mittelmäßige Schülerin, aber beliebt, obwohl sie rauchte und hübsch war und Widerworte gab und oft bestraft wurde. Wenn sie mir nie von den Nonnen erzählt und nie deren Einfluss auf ihr Leben klargemacht hätte, wäre mir meine Mutter viel rätselhafter geblieben. St. Anne's bedeutete für ihr späteres Leben sowohl Licht als auch Schatten. Im tiefsten Herzen war sie – wie ihre irische Schwiegermutter finster argwöhnte – heimlich katholisch. Was (für sie) bedeutete, leicht vergeben zu können. Rituale und Regeln zu achten. Respekt gegenüber den Fallstricken des Glaubens und der inneren Disziplin zu empfinden, auch wenn sie sich wegen Gott nicht so sicher war. Alle meine Meinungen über Katholiken – gute wie ungute – sind von meiner Mutter geprägt, die nie katholisch war, aber in einem leicht beeinflussbaren Alter unter ihnen lebte und der gefiel, was sie lernte und von wem.

Doch dann, aus mir unbekannten Gründen, nahm ihre Mutter – die auf einmal (schockierenderweise!) verlangte, ihre Tochter solle nunmehr als ihre Schwester gelten – sie mitten im Schuljahr von St. Anne's. Und das war's mit der Schule, auch wenn ihre Mutter sich bestimmt nicht über diesen Familienzuwachs freute. Ich habe nie verstanden, warum sie meine Mutter wieder zu sich nahm. Wegen der Kosten wahrscheinlich. Eine dieser unerklärlichen Handlungen, die schlicht alles ändern.

Nun, bei ihren Eltern, geriet das Leben in Bewegung. Vom nördlichen Arkansas nach Kansas City. Wieder nach El Reno. Nach Davenport und Des Moines – wo immer der Rock-Island-Zug Bennie hinbrachte, der sich im Speisewagendienst hocharbeitete und zu einem Draufgänger entwickelte. Bald stieg er bei der Bahn aus und fing als Caterer im Arlington Hotel in Hot Springs an, und dort setzte er meine Mutter als Kassiererin am Zigarrenstand ein. Für sie öffnete sich ein Fensterchen zur großen weiten Welt, nur einen Spaltbreit. Von weit her kamen Menschen zur Badekur nach Hot Springs. Juden aus Chicago und New York. Französisch sprechende Kanadier. Europäer. Reiche Leute – und allen verkaufte sie Zigarren und Zeitungen. Da sie hübsch war, lernte sie Baseballspieler kennen. Damals trainierten dort in den Bergen Big-League-Mannschaften. Die Cardinals. Die Cubs. Sie begegnete Grover Alexander und Gabby Hartnett. Und irgendwann in dieser Zeit, als sie siebzehn war und bei ihren Eltern lebte und bis spät arbeitete, begegnete sie auch meinem Vater, der im Lebensmittelladen von Clarence Saunders in der Central Avenue angestellt war, und sie verliebten sich ineinander.

Von ihrem Liebeswerben weiß ich nichts, außer dass es stattfand – in Hot Springs und auch in Little Rock, 1927, da war mein Vater dreiundzwanzig und sie siebzehn oder achtzehn. Im Saunders-Unternehmen war er für Obst und Gemüse zuständig. Irgendetwas hatte ihn von der Gegend um Atkins, wo er geboren wurde, hier heruntergezogen – eine Unrast. Ich weiß nicht, was er damals mit seinem Leben vorhatte. Aber ich kann sie mir gut als Paar vorstellen. In zueinander passendem Maße attraktiv. Freundlich und scheu. Meine Mutter schwarzhaarig, dunkeläugig, kurvig. Mein Vater blauäugig wie ich, groß, leichtgläubig, redlich, nachgiebig. Und ich habe ein Gefühl dafür, was sie über den anderen gedacht haben mögen. Meine Mutter hatte einige Erfahrungen – und nicht nur gute. Sie hatte in Hotels gearbeitet, war jäh vom Internat genommen worden. Hatte schon in Städten gelebt. Mit einer bunten Mischung von Leuten zu tun gehabt. Und war die störende Dritte in der Ehe ihrer Mutter. Dagegen mein Vater, ein Junge vom Lande, in der Siebten von der Schule abgegangen, Jüngster von drei Kindern, behüteter Sohn eines Selbstmörders. Ich kann mir vorstellen, dass meine Mutter sich ein besseres Leben wünschte, als für ihren x-beinigen Stiefvater zu arbeiten; dass sie fand, sie sei bislang nicht besonders gut weggekommen und habe es ziemlich schwer gehabt; dass sie nicht gern die »Schwester« ihrer missgünstigen Mutter spielte und Gefahr lief, gar nichts mehr vom Leben zu erwarten, wenn nicht endlich etwas passierte. Ich kann mir auch sehr gut vorstellen, dass mein Vater meine Mutter einfach auf den ersten Blick begehrte – sie auf der Stelle liebte. Und vom anderen dachten sie beide: Das ist jemand Gutes.

Irgendwann Anfang 1928 heirateten sie in Morrilton vor einem Friedensrichter und erschienen als Frischvermählte im

Elternhaus meines Vaters in Atkins. Nirgendwo ist festgehalten, wie das aufgenommen wurde. Sie hatten selbständig gehandelt. Dass ihre neue Schwiegermutter dem Paar missbilligend gegenüberstand, darüber besteht allerdings kein Zweifel.

Meine Mutter gab später ein bisschen damit an, dass mein Vater während der Großen Depression seine Arbeit behielt und dass immer genug Geld da war. Sie lebten in Little Rock, und zunächst kam mein Vater im Lebensmittelhandel voran. Er wurde zum Leiter mehrerer Liberty-Filialen und sah darin eine Zeitlang seine Zukunft. Aber dann, etwa 1936, wurde er entlassen. Den Grund dafür habe ich nie erfahren. Sie zogen zurück nach Hot Springs. Und bald fand er eine neue Arbeit, diesmal als Verkäufer von Wäschestärke für die Firma Faultless aus Kansas City. Zwanzig Jahre zuvor hatte Huey Long für sie gearbeitet. Mein Vater wurde Handlungsreisender, und die beiden verbrachten ihre ersten Ehejahre unterwegs in seinem Firmenwagen. New Orleans. Memphis. Texarkana. Sie wohnten in Hotels, waren nur die wenigen freien Tage zu Hause in Little Rock. Mein Vater versorgte Großhändler, Gefängnisse, Krankenhäuser, eine Leprakolonie in Louisiana. Er verkaufte Güterwaggons voll Wäschestärke. Meine Mutter sagte über die damalige Zeit – Mitte bis Ende der dreißiger Jahre – nur, sie hätten Spaß miteinander gehabt (ihre Wortwahl). Vielleicht erschien ihr irgendetwas daran nicht erzählbar, nicht berichtenswert, unnötig weiterzugeben. Jahre später ließen ihre flüchtigen Andeutungen die dreißiger Jahre wie ein langes Wochenende klingen. Ein lockeres Leben voller Unternehmungslust. Trinken. Autos. Restaurants. Tanzen. Nette Leute unterwegs. Ein Leben im Süden. Ein Herumgewirbel ohne rechtes Ziel. Manchmal erweckte sie den Eindruck, als wäre da möglicherweise etwas Unkoscheres vor sich gegangen, in leichtsinniger Stimmung, nie bis hin zu etwas wirklich Üblem, aber doch so, dass ein Sohn sich darüber lieber keine Gedanken machen sollte. Ein Leben wie das meiner Eltern muss es sehr oft gegeben haben. Von heute aus gesehen sieht das wie eine »Ära« aus. Eine spezifische Zeit kurz vor dem Zweiten Weltkrieg. Auch wenn es einfach ihr Leben war.

Allmählich müssen sie auch gedacht haben, dass sie kein Kind bekommen würden oder könnten, weil es bislang noch nicht geschehen war. Ich weiß nicht, wie viel Wert sie darauf legten, ob es Schwangerschaften gab, aus denen nichts wurde, ob sie es überhaupt bewusst »versuchten«. Es entsprach nicht ihrer Haltung, gegen das Schicksal anzukämpfen, sondern vielmehr, das Leben weitestgehend anzunehmen, wie es war. Und so hielt diese Zeit der kinderlosen Ehe weiter an. Fünfzehn Jahre. Allerdings mag ihnen, vom Zeitpunkt meiner Geburt 1944 aus gesehen, dieses kinderlose und sorglose Leben *on the road* seltsam vorgekommen sein – auch wenn sie kein anderes hatten –, ziellos im Vergleich zu der Zielstrebigkeit eines Lebens mit Kind.

Alle Erstgeborenen und auf jeden Fall alle Einzelkinder betrachten den Anfang ihres Lebens als ein bemerkenswertes Ereignis. Für meine Eltern war mein Kommen eine Über-

raschung, es fiel zusammen mit dem Ende des Zweiten Welt-
kriegs – welches das Ende der dreißiger Jahre in unserem
Land besiegelte. Und gleichzeitig gingen auch ihre jungen
Jahre zu Ende. Er war neununddreißig. Sie war dreiunddreißig. Zu diesem Zeitpunkt, könnte man sagen, hatte ihre stetig
gewachsene Vertrautheit endlich größere Folgen – in diesem
Fall ein neues Leben, an das sie, weil bisher Kinder ausgeblie-
ben waren, womöglich schon gar nicht mehr geglaubt hatten.

Dem Vernehmen nach waren sie glücklich, dass ich kam.
Durch dieses Ereignis bekam ihr Leben auch einmal etwas
Konventionelles, es brachte sie zur Ruhe, brachte sie auf Gedanken, mit denen sich ihre Freunde schon seit Jahren befass-
ten. Sesshaftigkeit. Die Zukunft. Sie besaßen kein Haus und
kein Auto, abgesehen vom Firmenwagen meines Vaters. Sie
hatten sich nie für einen festen Wohnort entscheiden müssen,
ein »Zuhause«. Erst jetzt taten sie es, konnten sie es.

Der Chef meines Vaters schlug ihnen vor, aus der Wohnung in Little Rock, wo sie ohnehin selten waren, gen Süden
und auf die andere Seite des Flusses zu ziehen, nach Jackson,
Mississippi, in den Mittelpunkt des Reisegebiets, das mein Vater abdeckte. Hierhin konnte er am Wochenende leicht zurückkehren, da meine Mutter ihn jetzt nicht mehr begleiten
würde. Jetzt würde es ja bald ein Baby geben.

Als Arkies kannten sie Mississippi nicht sehr gut. In Jackson hatten sie praktisch keine Bekannten außer ein paar
Großhändlern, die mein Vater versorgte, und einem Hand-
lungsreisenden, der nicht mehr reiste. Ein leichter Übergang
kann das nicht gewesen sein. Sie mieteten eine Wohnung in

einem Backstein-Doppelhaus neben einer Schule. Sie traten einer Kirchengemeinde bei – den Presbyterianern –, suchten sich ihren Lebensmittelladen, ihre Bücherei, ihre Bushaltestelle. Von der North Congress Street Nummer 736 konnte man zu Fuß ins Zentrum laufen. Ihre Nachbarn waren eingesessene, eher verschlossene Familien mittleren Alters, die schon ewig im älteren Teil der Stadt in großen Villen mit Säulenvorbauten lebten. Und doch gewöhnten sich meine Eltern schnell ein. Sobald ich auf der Welt war, blieb meine Mutter zu Hause – allein mit mir –, und mein Vater ging arbeiten, von Montagmorgen bis Freitagabend. Er war unser Wochenendgast. Der Alltag bestand aus Tagen, Nachmittagen, Abenden, Bürgersteigen, mich anziehen, mich füttern, Radio hören, aus dem Fenster schauen. Auf dem Erinnerungsschnappschuss meiner selbst ist meine Mutter nur ein einzelner, scharf umrissener Schatten.

Eigentlich hatten sie so etwas noch nie gemacht – tagelang getrennt sein, sich um ein Kind kümmern. Und was zwischen ihnen passierte, weiß ich nicht. So, wie sie veranlagt waren, vermute ich mal, nichts Dramatisches. Dass sich ihr Leben radikal veränderte, dass es jetzt mich gab, dass die Zukunft von nun an etwas anderes bedeutete als bisher, dass von weiteren Kindern anscheinend nie die Rede war, dass sie sich viel seltener sahen – all das änderte wenig daran, was sie füreinander empfanden oder was sie von diesen Gefühlen wahrnahmen. Der psychologische Blickwinkel auf das Leben interessierte sie ebenso wenig wie der historische. Das Nachforschen lag ihnen nicht, sie fragten sich nicht oft danach, was sie von diesem oder jenem hielten. Sie stellten einfach nur fest, falls sie es nicht längst wussten, dass sie nun das volle Programm gebucht hatten. Ich glaube nicht, dass sich meine Mutter nach mehr beruflicher Selbstverwirklichung sehnte oder auch nur nach einem aktiveren Leben. Ich glaube nicht, dass mein Vater unterwegs noch andere Frauen hatte. Ich glaube nicht, dass sie meinen Eintritt in ihr Leben als etwas anderes betrachteten als völlig normal oder zumindest in Ordnung. So lief das Leben jetzt einfach und nicht mehr so wie früher. Sie liebten einander. Und sie liebten mich. Nichts anderes hatte große Bedeutung. Sie richteten sich wohl einfach damit ein. Eine meiner frühesten Erinnerungen ist die an meinen Vater, wie er montagmorgens durch die sonnige Wohnung läuft, seinen Koffer packt und dabei ein Liedchen pfeift, *Zip-a-Dee-Doo-Dah Zip-a-Dee-ay*.

Da mein Vater jetzt fast immer zum Arbeiten weg war, verbinde ich diesen Abschnitt meines Lebens hauptsächlich mit meiner Mutter. Kriegsende, dann Korea. Truman und Eisenhower, Schule, Fernsehen, Fahrräder, ein großer Schneesturm 1949 – als wir in der North Congress wohnten, ein Stück vom Kapitol des Staates Mississippi entfernt, neben der Jefferson-Davis-Schule. Die Zeit, als wir in Jackson lebten, aber auch die Zeit, als wir unterwegs waren. Mit ihm – wie ich schon erzählt habe. Little Rock, New Orleans usw. Weihnachten. Sommerferien. Die Zeit seines ersten Herzanfalls. Wir drei gemeinsam, aber meistens wir zwei gemeinsam.

Hauptsächlich habe ich von damals Bruchstücke in Erinnerung, jedenfalls bis ich sechzehn war – bis 1960, dem Jahr, das für meine Mutter und mich alles auf den Kopf stellte, dem Jahr, als mein Vater plötzlich an einem Sonntagmorgen im Bett erwachte und starb, während ich bei ihm auf der Bettdecke lag, Mund-zu-Mund-Beatmung machte, versuchte, ihm zu helfen, während meine Mutter für kurze Zeit aus dem Tritt kam. So viele Kleinigkeiten trugen sich zu, dass es für ein ganzes Leben reichen würde. Früher hatte ich mehr davon im Gedächtnis als heute. Ich habe Erinnerungen notiert, Auffälliges in Romanen versteckt, einzelne Geschichten immer wieder erzählt, damit sie für mich zugänglich blieben. Aber Bruchstücke können durchaus für das Ganze stehen. Ganz bestimmte Bruchstücke, die mir etwas bedeuten, sonst hätte ich sie mir nicht so gut gemerkt.

Ich erinnere mich an eine ältere Nachbarin, die mich einmal auf dem Bürgersteig anhielt und ohne Umschweife fragte, wer ich überhaupt sei. Das war in der Congress Street. Ich war vielleicht neun oder sieben oder fünf. In Jackson konnte einem so was passieren. Doch als ich meinen Namen sagte – Richard Ford –, antwortete sie: »Ach ja. Deine Mutter ist die niedliche kleine Schwarzhaarige von weiter oben.« Diese Worte hatten eine unmittelbare Wirkung auf mich und eine starke, denn sie legten die Vorstellung von meiner Mutter als jemand anders in mir an, als jemand, den andere Menschen sahen und einschätzten, und zwar nicht nur als meine Mutter. Niedlich, was sie gar nicht war. Schwarzhaarig, was sie war. Sie maß einen Meter vierundsechzig, aber ich hätte nicht sagen können, ob das groß oder klein war. Wahrscheinlich hielt ich es für normal, bis heute. Aber diesen Moment habe ich als Markstein meines Lebens im Gedächtnis. Klein, aber wichtig. Er machte mir bewusst, dass meine Mutter auch eine – ja, was? – öffentliche Seite hatte. Einen Aspekt, den andere Menschen sahen und zu dem sie sich verhielten und den es immer parallel zu meinem Bild von ihr gab. Ich glaube, von da an konnte ich gar nicht mehr anders mit ihr umgehen oder sie mir vorstellen als in dem Bewusstsein, dass sie Edna Ford war: meine Mutter und zugleich jemand anders.

Diese Lektion lernt man natürlich am besten früh – niedlich, klein, schwarzhaarig, eins vierundsechzig –, weil das umfassende Kennenlernen unserer Eltern zu den größten Herausforderungen für uns alle gehört – vorausgesetzt, sie leben lang genug und es ist lohnenswert, sie kennenzulernen, und überhaupt physisch möglich. Je umfassender der Blick auf unsere Eltern ist – ein Blick, der letztlich einschließt, wie die Welt unsere Eltern sieht –, desto größer unsere Chancen, auch die Welt so zu sehen, wie sie ist.

Da war der Platten, der uns drei mitten auf der Mississippi-Brücke bei Greenville ereilte. Hoch oben über dem Fluss. Ich habe ihn schon erwähnt. Meine Mutter blieb bei mir im Auto, mein Vater stieg aus, um den Reifen zu wechseln, und sie presste mich so fest an sich, dass ich kaum atmen konnte. Ich war drei oder vier. Später sagte sie: »Als du klein warst, habe ich dich manchmal fast erdrückt. Aber wir hatten doch nur dich. Es tut mir leid.« Und dann erzählte sie wieder die Geschichte von der Brücke. Mir tat das überhaupt nicht leid – noch nie. Schließlich befanden wir uns dort in großer Höhe.

Das war schreckenerregend. *Erdrücken* bedeutete für mich: Da ist eine Gefahr. Die Liebe schützt dich. Diese Worte nehme ich ernst. Noch heute fühle ich mich auf hohen Brücken unwohl, aber ich bin über die Schlupfwinkel, die mir die Liebe meiner Mutter bot, an meine Ängste herangekommen.

Ich weiß auch noch, wie mein Großvater – der Stiefvater meiner Mutter, Bennie Shelley – grausame Witze riss, als sich meine Mutter die Gebärmutter entfernen lassen musste, und zwar Witze in ihrer Gegenwart – die Nonnen im St.-Dominic's-Krankenhaus hätten sich ja doch als »anständige Aufschneider« entpuppt. Aufschneider. Nonnen – die sie so bewunderte. Ich begriff erst später, was er gemeint hatte. Diese Zweideutigkeit strahlte er sein Leben lang aus. Damals brachte es sie zum Weinen.

Einmal geschah etwas Verstörendes in unserem Vorgarten an der Congress, als Reaktion auf etwas, das ich sagte oder tat. Ich weiß nicht mehr, was. Da mag ich sechs gewesen sein und musste gelegentlich unbedingt den Störenfried geben. Was immer es war, meine Mutter rannte urplötzlich weg von mir – quer durch den Garten und auf das Schulgelände nebenan. Nur weg, und ihr Baumwollkleid mit dem Blumenmuster wehte in der warmen Brise. Natürlich bekam ich einen Schrecken und schrie: »Nein, nein, nein, nein!« Aber sie verschwand um die hintere Ecke des Schulhauses und war weg. Ich habe nie erfahren, wie stark ihr Fluchtimpuls wirklich war. Irgendwann kam sie zurück. Aber dieses Ereignis machte mir klar, dass es gute Gründe dafür geben konnte, wegzulaufen. Bei ihr war es ihre Situation – allein, mit einem kleinen Kind in einer fremden Stadt, wo sie niemanden kannte. Das konnte schon ausreichen.

Zwei Mal stritten sie sich in meiner Anwesenheit. Das eine Mal war in der St. Louis Street, im French Quarter von New Orleans, ich habe es schon erwähnt, vor dem Restaurant Antoine's. Ich glaube, sie waren beide betrunken, obwohl ich damals noch gar nicht wusste, was betrunken war. Einer von ihnen wollte noch auf einen Absacker in eine Bar gehen. Der andere wollte lieber ins Hotel zurück. Das war im Jahr 1955. Wir hatten Eintrittskarten für den Sugar Bowl – zwei College-Footballmannschaften traten gegeneinander an, Navy gegen Ole Miss. Meine Eltern schrien sich an, mein Vater riss meine Mutter am Arm und drückte sie gegen eine Backsteinmauer, danach gingen sie getrennt zurück. Später gingen wir alle im Monteleone schlafen, und keiner war dem anderen noch böse. In unserer Familie wurde nicht genörgelt, gegrollt oder Wut geschürt, obwohl wir leicht in Rage gerieten, was auch öfter vorkam.

Der andere Streit war deutlich schlimmer. Es war ungefähr zur selben Zeit, vielleicht hatten sie gerade eine schwierige Phase. Auch diesmal hatten sie getrunken. Mein Vater hatte Freunde zu uns nach Hause eingeladen, nach Jackson, meine Mutter aber nicht vorher gefragt, und das passte ihr nicht. Wie immer ging es hoch her. Sie hatten beide ein leicht entzündliches Temperament. Unter lautem Fluchen zeigte sie anklagend zur Haustür. Die Gäste standen draußen vor der Fliegengittertür und starrten verwirrt herein. Ich sehe noch ihre bleichen Gesichter vor mir, als meine Mutter sie anschrie, sich verdammt nochmal aus ihrem Haus zu scheren, dabei waren sie noch nicht mal drin. Sie gingen dann ziemlich schnell, und mein Vater presste meine Mutter wieder mit den Schultern an die Wand neben dem Badezimmer und brüllte sie an, während sie versuchte, sich freizustrampeln. Was sie im Einzelnen sagten, habe ich nicht behalten, nur noch die Lautstärke. Und wie heiß es war, das Verandalicht schimmerte gedämpft. Es wurde nicht geschlagen – das passierte nie, nur mir, wenn ich ein paar Klapse oder den Gürtel zu spüren bekam. Sie brüllten und rangelten eine Zeitlang. Fochten ihren Streit so aus. Dann, später im Bett, ich in der Besucherritze zwischen ihnen, fing mein Vater an zu weinen. »Bu-hu-hu, bu-hu-hu.« So hörte er sich an. Als hätte er das Weinen aus einem Buch gelernt.

Und dann war da noch etwas. Meine Mutter, die junge Mädchen darin unterrichtet hatte, junge Ehefrauen zu sein, beherrschte diese Fähigkeiten selber gar nicht so besonders gut. Putzen, Bügeln und Kochen widerstrebten ihr – nach all den Jahren *on the road* –, und sie machte es mehr schlecht als recht und nur, wenn's sein musste. Also verließen wir oft an heißen Sommertagen um zwölf Uhr mittags das Haus, gingen einen Block weit bis zur North State Street, die wir überquerten, dann runter zu einem Lebensmittelladen namens Jitney Jungle. (Keine Ahnung, warum er so hieß.) Dort gab es eine Klimaanlage, und man konnte sich anstellen und ein warmes Mittagessen am Warmhaltebüfett holen, wir beide, neben den Nachbarn stehend, die wir nicht kannten, jeder seine

Wartenummer in der Hand, bis er mit dem Bestellen drankam, überbackene Auberginen, Mais in Sahnesoße, Limabohnen, Kohlgemüse, Schweinskotelett und als Nachtisch Bananenpudding – gängige Speisen des Südens. Eines Tages, während wir in der Warteschlange standen, sagte meine Mutter zu mir: »Richard, siehst du die Frau da drüben?« Ich sah hin, dort stand eine Frau, die ich nicht kannte – groß, freundlich, lachend im Gespräch mit anderen. Meine Mutter betrachtete diese Frau mit einer ganz eigenen Miene, die ich heute als taxierend bezeichnen würde. Ich nickte. Und meine Mutter sagte: »Das ist Eudora Welty. Eine Schriftstellerin.« Diese Information bedeutete mir gar nichts, außer dass sie meiner Mutter etwas bedeutete, die manchmal nachts im Bett Bestseller las. Ich weiß nicht, ob sie jemals etwas von Eudora Welty gelesen hat. Ich weiß auch nicht, ob die Frau wirklich Eudora Welty war oder jemand anders. Vielleicht war das auch nur Wunschdenken, und meine Mutter hatte ihre Gründe dafür. Im Hinblick auf mein zukünftiges Leben könnte diese Anekdote bedeutsam wirken. War sie damals aber nicht. Ich war erst acht oder neun. Für mich war das nur ein weiteres Bruchstück in einem Leben voller Bruchstücke.

Natürlich veränderte sich alles, als mein Vater starb, und vieles, was mich betraf, eher zum Besseren, so seltsam das klingt. Nicht aber, was meine Mutter betraf. Nach dem 20. Februar 1960 war nichts mehr für sie richtig gut. Sie hatten mich bekommen und liebten mich. Aber mein Vater war ihr Ein und Alles gewesen. Deshalb verschwand mit seinem plötzlichen

Tod alles Selbstverständliche aus ihrem Leben, es veränderte sich, war nicht mehr selbstverständlich und auch nicht mehr gut. Da sie kein gutes Leben ohne ihn kannte und einfach kein Talent dafür besaß, ohne ihn zu leben, fiel es ihr schwer, sich jetzt für das Leben an sich zu interessieren. In gewisser Weise – das sehe ich heute und wusste es eigentlich auch schon damals – gab sie den Teil von sich auf, der ihn liebte.

Nicht lange nach der Beerdigung meines Vaters, als ich wieder zur Schule ging und die Nachbarn nicht mehr anriefen und uns besuchten und uns etwas zu essen vorbeibrachten – als die Trauer und das Trauern nicht mehr voneinander zu unterscheiden waren –, setzte sich meine Mutter mit mir hin und redete Klartext über die äußeren Bedingungen ihres Lebens von nun an. Sie sei fünfzig, sagte sie. Ihr Mann sei tot. Sie habe einen Sohn (mich), der anscheinend ganz in Ordnung sei, aber gelegentlich am Gesetz vorbeischramme, so dass sie aufpassen müsse. Jetzt sei größere Unabhängigkeit angesagt. Von ihm sowieso, er sei ja weg. Aber auch voneinander. Sie werde sich Arbeit suchen müssen. Obwohl ich erst sechzehn sei, werde sie sich weniger als bisher um mich kümmern können. Wir waren uns einig, dass ich eine Zukunft vor mir hatte und dass wir aufeinander achtgeben wollten. Aber ich würde mich jetzt selbst um mich kümmern müssen. Wir würden Partner sein, ich weiß noch, dass ich das damals dachte. Mein Vater war ja wegen seiner Arbeit wenig da gewesen, und ich spürte die neue Qualität seiner Abwesenheit – durch seinen Tod – weniger, als ich mir hatte vorstellen können. Eigentlich fühlte ich mich schon jetzt viel selbständiger.

Deshalb erschien mir eine Partnerschaft mit meiner Mutter, bei der sie mich nicht so nah im Blick behielte, als gutes Arrangement. Ich solle darauf achten, nicht im Knast zu landen, weil sie keine Lust habe, mich da rausholen zu müssen. *Weil sie mich nicht rausholen könne*, sagte sie. Ich sollte verlässliche Freunde finden. Ich durfte mir ein eigenes Auto anschaffen. Ich konnte mir über den Sommer Arbeit in Little Rock suchen, bei meinen Großeltern, und im Herbst zum Schulanfang wieder nach Jackson zurückkehren. Ich würde mehr Freiheiten bekommen, aber auch mehr Verantwortung. Sie versuchte, nicht zu viel auszusprechen. So vieles war sowieso schon explizit, da wollte sie nicht alles beim Namen nennen. Als mein Vater noch lebte, hatte nur weniges ausgesprochen werden müssen. Wenn sie nicht alles explizit machen musste, hatte sie eine Chance und genug Zeit, sich anzupassen. Über alles nachzudenken. Zu werden, was sie werden konnte – oder musste –, um von nun an klarzukommen.

Den exakten zeitlichen Ablauf, der jetzt einsetzte, habe ich nicht mehr im Kopf. 1960, 61, 62. Die Zeit raste vorbei. Ich war in der zehnten Klasse und kam weiter. Aber ich stand nicht noch einmal vor dem Jugendrichter. Im Sommer wohnte ich bei meinen Großeltern, die ihr großes Hotel in Little Rock führten. Mein Großvater schenkte mir einen schwarzen Ford, Baujahr 57, der ziemlich schnell geklaut wurde. Ein, zwei Mal wurde ich verprügelt und suchte mir neue Freunde. Mit anderen Worten, ich tat, wie mir geheißen. Ich beeilte mich mit dem Erwachsenwerden.

Diese Zeit – zwischen dem Tod meines Vaters und mei-

nem Fortgang aufs College, nach Michigan – habe ich als eine
Zeit im Kopf, in der ich meine Mutter viel seltener sah als zuvor. Aber so war es eigentlich gar nicht. Sie war da. Ich war da.
Aber ich kann nicht so tun, als hätte ich mich nicht meiner-
seits mit dem Tod, der Abwesenheit meines Vaters eingerichtet, und mit meiner größeren Unabhängigkeit. Vielleicht
ließe sich mein Zustand eher als Betäubung denn als Trauer
beschreiben, und es stimmt schon, meine neuen Freunde
nahmen mich auf. Meine Mutter fand Arbeit bei einer Firma,
die irgendwas mit Schulfotos machte. Dazu brauchte sie eine
Fortbildung. Und vielleicht merkte sie erst jetzt – mit fünfzig,
wie gesagt –, was es wirklich bedeutete, dass sie 1925 die Schule hatte abbrechen müssen. Obwohl sie ihre Fortbildung ab-
schloss und ohne Schwierigkeiten klarkam und jeden Tag
müde von der Arbeit zurückkehrte. Aber dann kündigte sie
dort und arbeitete in der Hausverwaltung eines neuen Hoch-
hauses in Jackson. Die Sterling Towers. Später spekulierte sie
dort auf den Leitungsposten, bekam ihn aber nicht. Wer weiß,
warum. Dann wurde sie Abendkassiererin in einem Hotel,
dem *Robert E. Lee*. Diese Arbeit behielt sie ungefähr ein Jahr
lang. Danach fand sie eine Stelle am Empfang der Notaufnahme, und zwar im Krankenhaus der University of Mississippi.
Das machte sie sehr gern und sehr gut, denn sie war sympathisch und unerschrocken, und die Ärzte mochten sie.

In dieser Zeit gab es mindestens einen festen Freund, einen verheirateten Mann aus Tupelo namens Matt Matthews,
er wohnte in dem Hochhaus, das sie betreut hatte. Ein großer,
raubeiniger, gutmütiger Mann, aus der Möbelbranche, glau-

be ich, der einen Lincoln Continental fuhr und eine Pistole unterm Lenkrad stecken hatte. Ich mochte ihn. Ich mochte, dass meine Mutter ihn mochte. Dass er verheiratet war, machte mir nichts aus – und meiner Mutter auch nicht, nehme ich an. Keine Ahnung, was das zwischen ihnen war, was sie machten, wenn sie allein waren. Er unternahm Spritztouren mit ihr. Mit dem Auto oder seinem Flugzeug nach Memphis. Und begegnete ihr und mir mit Respekt. Kann sein, dass sie mir erzählte, sie würde nur ein bisschen Zeit mit ihm verbringen, sich von ihren Sorgen ablenken und jemanden nett zu ihr sein lassen. Wir wussten beide, dass nichts von dem, was sie mir über ihn erzählte, der Wahrheit entsprechen musste. Manchmal wünschte ich mir, sie könnten heiraten. Und andere Male war ich zufrieden mit ihrem Status als Geliebte, falls sie das waren. Er hatte Söhne ungefähr in meinem Alter. Später lernte ich sie kennen und mochte sie. Aber das war, lange nachdem meine Mutter und er Schluss gemacht hatten.

Was dazu führte, hatte mit mir zu tun, aber ich war nicht allein dafür verantwortlich. Das mit Matt schwächelte schon seit einiger Zeit. Seine Arbeit brachte ihn seltener nach Jackson, oft war er monatelang unterwegs. Meine Mutter erwähnte ihn nicht mehr, und unser Leben war zu der Fast-Normalität zurückgekehrt, in der der Tod meines Vaters im Raum stand. Ich durchlebte die üblichen schweren Zeiten an der Schule – mit der schlechtesten Note in Algebra (einmal war ich schon durchgefallen) und ohne einen Schimmer, wie ich mich verbessern konnte. Meine Mutter saß jeden Abend an der Kasse des *Robert E. Lee* und kam um elf nach Hause.

Aber dann kam sie eines Abends nicht nach Hause. Ich hatte am nächsten Tag einen Test. In Algebra. Ich muss wohl aufgeregt gewesen sein, denn ich rief im Hotel an und hörte, sie habe pünktlich Feierabend gemacht. Aus irgendeinem Grund bekam ich Angst. Ich setzte mich in meinen Ford und fuhr zum Hotel – in der Griffith Street, in einem Randbezirk, der an ein Schwarzenviertel der Stadt grenzte. Ich fuhr voller Sorge um sie durch die Straßen, bis ich ihren Wagen sah, den grau-rosa Oldsmobile 88, das letzte Auto meines Vaters und sein ganzer Stolz. Es parkte unter einer Kreppmyrte gegenüber den Sterling Towers, wo Matt seine Wohnung hatte – das wusste ich, denn so hatten sie sich kennengelernt. Das war nicht weit vom Hotel entfernt. Und irgendwie muss ich in Panik geraten sein. Es gab keinen klaren Grund dafür, aber so war es. Ich weiß nicht genau, was ich mir dachte, aber von heute aus gesehen glaube ich, ich wollte Matt nur fragen – falls er da war –, ob er wisse, wo meine Mutter sei. Vielleicht stimmt das. Vielleicht wusste ich auch, dass sie da war, und wollte, dass sie wieder ging.

Ich betrat das Gebäude. Es muss nach Mitternacht gewesen sein. Es gab keine Sicherheitsleute. Ich suchte Matts Namen auf der Anzeigetafel, fuhr mit dem Fahrstuhl nach oben und ging den Korridor entlang bis zu seiner Tür. Und klopfte sehr laut. Ich schlug heftig mit den Fäusten dagegen. Dann wartete ich.

Matt machte auf, und da war meine Mutter, hinter ihm in der Wohnung. Sie hatte einen Drink in der Hand. Gedämpftes Licht, sie stand mitten im Zimmer. Alles war in Ordnung.

Es war eine schöne Wohnung. Beide waren erschrocken – über mich. Und ich schämte mich bereits, dass ich dort war. Aber ich glaube, ich hatte einfach Angst. Nicht weil sie dort war. Oder weil ich allein war. Nur weil ich nicht wusste, was zum Teufel vor sich ging. Was würde ich als Nächstes verlieren?

Ich weiß noch, ich war außer Atem. Ich war siebzehn. Ich kann mich so gut wie gar nicht daran erinnern, was irgendjemand tat oder sagte, abgesehen von mir selbst, ganz flüchtig. »Wo bist du gewesen?«, fragte ich sie, an ihm vorbei – oder so etwas Ähnliches. »Ich wusste nicht, wo du warst. Das ist alles.«

Und das war auch schon alles. Alles dazu. Matt sagte sehr wenig. Meine Mutter holte sofort ihren Mantel. »Ach, Richard, Himmel nochmal«, sagte sie, »fahr nach Hause.« Wir fuhren beide nach Hause, in zwei Autos. Dort ließ sie mich spüren, dass sie sich über mich ärgerte. Und ich war sauer auf sie. Wir redeten miteinander. Irgendwann sagte sie, es tue ihr leid. Und ich sagte, es sei mir egal, ob sie sich mit Matt treffe, sie solle mir nur Bescheid sagen, wenn sie später nach Hause komme. Das versprach sie mir. Soweit ich weiß, traf sie sich danach weder mit Matt Matthews noch mit irgendeinem anderen Geliebten, solange sie lebte.

Später, Jahre später, als sie im Sterben lag, versuchte ich, ihr das alles noch einmal zu erklären – mein Verhalten, was ich dachte, gedacht hatte –, als könnten wir es jetzt noch aufrollen und diesen Abend retten. Sie hätte mich doch nur anrufen müssen oder mir – selbst jetzt, Jahre danach – sagen, sie hätte mich noch anrufen wollen. Aber so sah sie das nicht.

Sie lag in ihrem Krankenbett und schaute ungeduldig drein, schüttelte den Kopf. »Ach *das*«, sagte sie. »Meine Güte. Das war Kinderkram. Du hattest da oben nichts zu suchen. Was fiel dir bloß ein? Aber damals wurde mir klar, dass ich so etwas nicht bringen konnte. Ich hatte einen Sohn großzuziehen.« Sie wirkte angewidert, von allem – von sämtlichen Karten, die das Schicksal ihr zugespielt hatte: eine ungute Kindheit, meinen Vater, dann seinen Tod, mich, ihre eigene Unfähigkeit, sich da hinauszukatapultieren und zu einem besseren Leben zu finden. Auch diese Episode wertete sie letztlich als etwas Schlechtes, und ich glaube, sie hatte das Gefühl, mehr als genug davon abgekriegt zu haben. Irgendwann verkaufte sie das Vorstadthaus, das mein Vater gekauft und so sehr geschätzt hatte, und wir zogen in ein Hochhaus. Ein anderes, Magnolia Towers. Ich bekam einen Nachhilfelehrer in Mathe und wurde besser. Sie wechselte ein weiteres Mal den Arbeitsplatz. Ich nahm diese Veränderungen zur Kenntnis, allerdings eher oberflächlich. Nach allem, was ich heute weiß, war für sie fast alles schwer. Auch wenn es manches gegeben haben mag, was sie – nicht gerade begeisterte, aber vielleicht doch ein bisschen befriedigte. Kleine Errungenschaften. Wir stritten uns nicht, anders als früher, in meinen jüngeren Jahren. Wir passten uns eher dem anderen an, wie es Erwachsene getan hätten. Wir gingen trocken und humorvoll miteinander um. Wir warfen uns Blicke zu. Unterschwelliges, ironische Untertöne und unterdrückte Wut gab es kaum bei uns. Uns war nicht klar, dass wir nach dieser Zeit so gut wie nie mehr zusammenleben würden. Wir wussten nur auf irgendeine

Weise, wie sich eine verwitwete Mutter und ihr einziger Sohn im Teenageralter zueinander verhalten sollten, und zogen ein verlegenes Vergnügen daraus, es genau so zu machen. Im Rückblick denke ich, unsere Lebensweise unterschied sich gar nicht so sehr von der Zeit, als mein Vater noch bei uns war. Abgesehen davon, natürlich, dass er nicht mehr da war.

Über unsere finanzielle Situation weiß ich bis heute nichts. Mein Vater hatte eine kleine Versicherung gehabt, aber es gab keine Pension von seinem Arbeitgeber. Faultless war keine Firma, die sich so etwas leistete. Vielleicht lag ein bisschen Gespartes auf der Bank. Meine Großeltern kamen uns zu Hilfe. Sie waren zu Geld gekommen und hatten meinem Vater beim Hauskauf etwas geliehen. Ich weiß, dass vom Staat Unterstützung für mich als unmündiges Kind kam, bis ich achtzehn war. Ich will damit nur sagen, dass ich nicht wusste (oder weiß), wie viel meine Mutter tatsächlich arbeiten musste; wie viel Geld wir brauchten, um durchzukommen; ob wir Schulden hatten, Gläubiger. Vielleicht nicht; vielleicht ging sie arbeiten, um in die Richtung vorzustoßen, die das Leben offenbar nahm – Richtung Unabhängigkeit. Einzelgängertum. Und alles, was damit einherging.

Es gab bleibende Momente. Nachdem mein Ford gestohlen worden war, gingen meine Mutter und ich an einem Wintertag nach der Schule, es wurde gerade dunkel, zu einem Autohändler in Rankin County, auf der anderen Seite des Pearl River, wo angeblich lauter Schnäppchen warteten. Sie fand, mein Auto sollte ersetzt werden, und das fand ich auch. Aber als wir dort waren und uns billige Modelle für mich anschauten, fiel ihr Blick auf einen neuen schwarzen Thunderbird, und sie starrte ihn lange an. Ich wusste, den hätte sie am liebsten genommen – für sich selbst –, und wenn sie dieses Auto besäße, würde es ihr bessergehen. Den Olds meines Vaters aus unserem Leben zu entfernen würde uns dabei helfen, alles zu verarbeiten. Damals gab es niemanden, der dastand und uns sagte, wir dürften das nicht. Das gehörte zu der neuen Freiheit, um die wir nicht gebeten hatten. Ich sagte ihr, sie solle den Thunderbird kaufen. In der Highschool bräuchte ich kein Auto. Sie starrte den Wagen lange an, stieg irgendwann ein und stellte das Steuer ein, schloss die Türen ein paar Mal, trat die Pedale. Dann versprachen wir dem Verkäufer, wir würden darüber nachdenken, und gingen. Aber ein paar Tage später, als die Polizei mein altes Auto fand, beschloss sie, den Olds noch ein bisschen zu behalten.

Ein anderes Mal hatten meine Freundin und ich unbeholfen mit dieser und jener Variante sexueller Lust herumexperimentiert – in meinem Auto. Wir hatten praktisch überhaupt keine Ahnung von Sex. Und dann beschloss meine Freundin – sie stammte aus Texas – aus heiterem Himmel, sie sei jetzt aber ganz bestimmt schwanger (dabei standen wir immer noch auf demselben Parkplatz) und ihr Leben sei ruiniert. Meines, das merkte ich sofort, als sie das sagte, fühlte sich zumindest ruiniert an. An unserer Schule gab es genug Kids, die mit vierzehn heirateten, Kinder bekamen, sich scheiden ließen. Wir lebten in den Südstaaten.

Und wieder war ich in Angst und Schrecken. Als ich – am selben Samstagnachmittag – nach Hause kam, vertraute ich mich meiner Mutter an, erzählte ihr alles, was wir vor gerade mal einer Stunde gemacht und nicht gemacht hatten. Ich sprach detailliert, technisch und ganz schrecklich von anatomischen Partien und Positionen, Ausmaßen und Winkeln. Meine Mutter sollte mir erklären, ob meine Freundin überhaupt schwanger sein *konnte,* nach allem, was sie über diese Dinge wusste. (Wie viel konnte das schon sein?) Alles Themen, die ein Junge mit seinem Vater besprechen sollte. Was ich aber nie getan hätte. So ein Gespräch hätte meinen armen Vater völlig aus der Fassung gebracht und ihm die Sprache verschlagen. Und er war ja sowieso weg.

Es gab nur meine Mutter. Sie war mir vertraut – zumindest verhielt ich mich so und sie auch. Sie war zweiundfünfzig. Ich war achtzehn. Sie hatte Erfahrung mit mir und wusste, was für eine Art Junge ich war. Wie gesagt, wir waren Partner, bei ihren Schlamasseln ebenso wie bei meinen. Ich saß in unserer Wohnung auf dem Sofa und erzählte ihr mit qualvoller Pedanterie, was mir Angst machte, was ich nicht klarkriegte in meinem Kopf, ich ging alles mehr als einmal durch, ich benutzte die Wörter *es, ihrs, drin.* Sie unterdrückte ihre Abwehr und beruhigte mich ganz gelassen, dass alles gut werden würde. Nach dem, was wir gemacht hätten, würde niemand schwanger. Das alles seien die Angstphantasien eines jungen Mädchens. Nur keine Sorge. Also sorgte ich mich nicht.

Natürlich irrte sie sich. Sie hätte sich nicht schlimmer irren können. Meine Freundin wurde tatsächlich nicht schwanger, aber nur, weil sich ein gleichgültiges Schicksal einschaltete. Tausende Mädchen werden schwanger nach dem, was wir gemacht hatten. Tausende werden schwanger, nachdem sie weniger gemacht haben. Entweder wusste meine Mutter nicht viel, oder sie wusste sehr, sehr viel: zum Beispiel, dass passiert war, was passiert war, und dass alles Sorgenmachen und Erklären und Für-etwas-Geradestehen jetzt auch nichts mehr bringen konnte. Wenn ich dem Ruin und der Schande entginge, dann aus reinem Glück. In Zukunft sollte ich besser aufpassen, wenn ich eine Zukunft haben wollte. Und das war's so ziemlich. Wenn meine Freundin schwanger gewesen wäre, hätte das, was die Leute dachten, glaubten oder sagten, nicht viel daran geändert. Das Leben wäre so weitergegangen, wie es eben weiterging.

Darin liegt natürlich auch eine Lehre – nach der ich mich über die Jahre immer wieder und meistens erfolglos zu richten versucht habe: Sie besagt, dass wichtiger ist, was passiert, nicht, was die Leute, man selbst eingeschlossen, vorher oder nachher davon halten. Meistens kommt es nur darauf an, was wir *tun*. Ich habe die Welt nie wie sie betrachtet, damals nicht und bis heute nicht. Wer weiß, ob ich diese Lehre eines Tages besser begreifen werde – als Erste jedoch hat sie mir meine Mutter erteilt.

1962 ging ich studieren, ans Michigan State College, von meiner Mutter weder ermutigt noch entmutigt. Es war meine Entscheidung, niemand sonst hatte damit zu tun. In Mississippi aufs College zu gehen kam mir nicht in den Sinn. Damals wollte ich Abstand, und ich wollte Hotelmanager werden wie mein Großvater Ben Shelley, der in diesem Beruf

Erfolg gehabt hatte. Wer alles über Hotels lernen wollte, war an der Michigan State richtig. Ich kann mich nicht erinnern, mit meiner Mutter übers College gesprochen zu haben – muss aber so gewesen sein. Sie hatte keines besucht und wusste nicht, was da eigentlich vor sich ging. Es interessierte sie, aber anscheinend nur oberflächlich und auch nicht, um mich zu kontrollieren. Vielleicht dachte sie, es würde mir nicht gefallen und ich würde bald nach Hause kommen. Vielleicht dachte sie, ich würde gar nicht hingehen, auch wenn ich das verkündete, kaum dass ich angenommen worden war. Vielleicht dachte sie, so weit sei Michigan von Mississippi gar nicht entfernt, was sowohl stimmt als auch nicht stimmt. Oder vielleicht dachte sie gar nichts oder nichts Bestimmtes; bemerkte nur, dass ich dies und jenes tat, Briefe verschickte und bekam, Daten festlegte, und dann beschloss sie, die Brücke zum College erst zu überschreiten, wenn es so weit wäre. Die allgemeine Annahme lautete, ich würde gehen. Das Geld würde schon irgendwoher kommen.

Ende September bestiegen sie und ich also an der Union Station in Jackson den Illinois Central und fuhren nach Chicago (unsere erste lange Zugfahrt zu zweit, wobei wir in früheren Jahren kürzere Strecken gefahren waren, um meinen Vater irgendwo zu treffen, wo er gerade arbeitete). In Chicago mussten wir umsteigen, quer durch die Stadt von der Central Station in die Dearborn Street zur Grand-Trunk-Western-Railroad-Station, von dort fuhren wir nach Lansing. Sie wollte mich begleiten. Ich glaube, sie wollte all das sehen. Michigan. Illinois. Maisfelder. Weiße Scheunen. Den Mittleren Westen.

Wollte von einem Zugfenster aus sehen, was da so los war, wie das war, wie es im Norden aussah, vielleicht herausfinden, warum ich mir das wünschte und wie ich mich bei diesen Menschen eingliedern würde, in ihren Häusern leben, ihr Essen essen, ihren Slang lernen. Herausfinden, warum ich an genau diesen Ort gehen wollte. Ihr Sohn. So sah sie ihre Pflicht und die Entwicklung unserer Partnerschaft.

Vielleicht wollte sie sich auch mal was gönnen im Alltag: ihren Sohn zum College zu begleiten, eine Art Verabschiedung zu gestalten; sich selbst und mich einen Moment lang in ein Muster eingepasst wahrzunehmen, wie es sich andere vornahmen, in etwas, das die Leute ganz allgemein so machten. Wenn so etwas bei ihr, bei uns geschah, dann konnte vielleicht überhaupt ein normales Leben wieder beginnen. Denn damals, zwei Jahre nach dem Tod meines Vaters, kann sie ihr Leben kaum als sehr normal empfunden haben.

Wir verbrachten zusammen eine Woche in East Lansing. Ende September 1962. So weit war sie noch nie von zu Hause weg gewesen. Und nachdem ich mich eingeschrieben hatte, meinen verschiedenen Kursen zugeteilt worden war, mein Zimmer im Studentenwohnheim belegt hatte, meinen Mitbewohnern begegnet war und zusammen mit ihr ein paar Tage damit verbracht hatte, gemächlich durch die Gegend zu fahren und zu schlendern, im Restaurant beim Abendessen einander gegenüberzusitzen, bis alles gesagt war – als das vorüber war, gingen sie und ich wieder zur GTW-Station, und ich stellte mich auf eine Bushaltestellenbank zwischen den Bahngleisen und riss die Arme in der kühlen, scharfen Luft hoch, so dass sie mich sehen konnte, während der Zug sich Richtung Chicago in Bewegung setzte. Ich sah sie, sah ihr weißes Gesicht hinter der getönten Scheibe und ihre Handfläche, die sie für mich an das Glas hielt. Und sie weinte. *Auf Wiedersehen*, sagte sie. Ich winkte, mit weitausholenden Armen, formte mit dem Mund die Worte *Auf Wiedersehen. Ich hab dich lieb* und sah dem Zug nach, der sich durch diese alte Fabrikstadt aus Backstein schlängelte und verschwand. Von da an, kann man sagen, begann mein ernsthaft allein gelebtes Leben, und was immer von meiner Kindheit übrig war, ging zu Ende.

Und danach setzte das Leben ein, das uns gemeinsam als Erwachsene vorantrug. Ein immer fragmentierteres, zerhackteres Leben: längere und kürzere Besuche. Briefe. Telefonate. Telegramme. Treffen in Städten weit weg von zu Haus. Gespräche in Autos, auf Flughäfen und Bahnhöfen. Unternommene Anstrengungen, um sich zu sehen. Und immer wurde alles vom Auseinandergehen beherrscht – dass ich älter wurde, dass sie älter wurde, beides aus unterschiedlichem Abstand beobachtet.

Sie hielt noch ein Jahr allein in Mississippi durch, dann zog sie wieder in das Doppelhaus in der Congress Street und vermietete die andere Hälfte. Sie arbeitete weiter im Krankenhaus, wo sich eine Zeitlang, glaube ich, das ganze neue Leben, das ihr geschenkt worden war, zusammenfügte. Ich kann nur spekulieren, denn ich war weg, auf dem College, und würde auch weg bleiben. Sie sagte, ihr gefalle das alles, die Arbeit, die jungen Assistenzärzte am Krankenhaus, das Dramatische der Notaufnahme, das Arbeiten an sich. In meinen Augen, aus meinem Abstand gesehen, machte sie zum ersten Mal die Erfahrung eigenen Könnens, unabhängig von ihren Fähigkeiten als Ehefrau und als meine Mutter. Vielleicht fühlte es sich allmählich befriedigend an, dass ich weg war. Vielleicht schien es tatsächlich ein Leben für sie zu geben, vielleicht war sie in Anbetracht aller Umstände beim Schicksal doch ganz gut weggekommen. Und sie konnte endlich loslassen, den Dingen ihren Lauf lassen, ohne das Schlimmste zu befürchten. Etwas Schlechtes konnte am Ende doch zu etwas weniger Schlechtem führen.

So wollte ich es zumindest gern sehen. Natürlich ist das, was der einzige Sohn neben Liebe für seine verwitwete Mutter empfindet, zu der er in große räumliche Distanz getreten ist, unweigerlich komplex. Aber dass er ihr nur Gutes wünscht, ist sicher keine unzulässig vereinfachte Darstellung der Dinge. Während all dieser Jahre des zusammengestutzten Lebens mit meiner Mutter war mir immer bewusst, dass sie nie ganz damit im Reinen sein würde. Zum Teil war es ihre Entscheidung, zum Teil lag es an ihrem Wesen, in welcher Weise sie überhaupt imstande war, sich ein Leben ohne meinen Vater vorzustellen. Schließlich hatte sie noch viel Leben vor sich, das sie in dieser nicht idealen Situation verbringen musste. Irgendwo tief in ihrem Innern schien sie resigniert zu haben. Immer wenn ich sie zu ergründen versuchte, kam ich an diesen Ausschaltpunkt, ab dem Schluss war mit weiter gehenden Erwartungen. Das soll nicht heißen, sie wäre immer unglück-

lich gewesen. Oder hätte nie gelacht. (Ich konnte sie zum Lachen bringen; andere auch.) Oder hätte das Leben nicht als
solches wahrnehmen können oder Teile ihres Selbst zurück-
gewonnen. Das war alles der Fall. Nur nicht durch und durch.
So etwas kann eine Mutter nicht vor ihrem Sohn verbergen.
Ich habe das immer gesehen. Und gespürt. Ihre Unsicherheit
dem Leben gegenüber. Ihr Widerstreben.

Fast vom ersten Moment an, in dem Zimmer, wo mein
Vater starb, hatte ich das Gefühl, dass mir sein Tod praktisch
ebenso viel überließ, wie er mir wegnahm. Sein plötzlicher
Fortgang, dieser große, ungerechte Verlust, gab mir die
Möglichkeit zu einem selbstbestimmten Leben, machte mich
frei für meine eigenen Entscheidungen. Einem Jungen kann
Schlimmeres zustoßen, als seinen Vater – selbst einen guten
Vater – zu verlieren, wenn sich die Welt gerade um ihn herum
aufzustellen beginnt. Und da ich so dachte, wünschte ich mir,
meine Mutter hätte leichter loslassen können. Aber ihr ging
es anders, auch wenn ich mir nicht genau vorstellen kann, wie
es tatsächlich war. Sie hatte Begabungen. Sie hatte Gespür
und Leidenschaft, war freimütig, geistreich, fröhlich, auch
mal hitzig und finster. Und anständig. Und doch kann ich sagen, in all den Jahren, die sie nach dem Tod meines Vaters
noch lebte, den einundzwanzig Jahren, die sie ohne ihn verbrachte, schien sie ihr Leben niemals voll auszuschöpfen. Sie
ging auf Reisen – nach Mexiko, New York, Kalifornien, nach
Banff oder auf irgendeine warme Insel. Sie hatte Freunde, die
von ihr schwärmten, von denen sie liebevoll sprach und mit
denen sie sich wohlfühlte. Mit dem Tod ihrer Eltern wurde

ihr Leben immer leichter. Irgendwann gab es uns – meine Frau und mich, meine Frau liebte sie und bezog sie ein, wo es nur ging. Aber wenn ich zu ihr sagte (und das tat ich): »Mutter, genießt du dein Leben? Ist alles in Ordnung?«, dann schaute sie mich mit der altbekannten Ungeduld an und verdrehte die Augen. »Richard, aus mir wird nie ein überschwänglicher Mensch. Das liegt nicht in meiner Natur. Konzentrier dich auf dein Leben und lass meins in Ruhe. Ich kann mich selbst darum kümmern.«

Und genau das tat sie auch nach seinem Tod und meinem Weggang, als sie allein war. Sie hielt durch und machte daraus ein Ziel. Sie wurde knapp, geschäftsmäßig, beharrte mehr auf sich selbst. Ihre ohnehin schon tiefe Stimme wurde noch tiefer, nahm eine erworbene Schwere an, die zu ihrer Einstellung passte. Abends trank sie sich dezent einen an und legte sich im Alltag eine Bestimmtheit zu, mal dieser, mal jener Art – und vor allem Männern gegenüber, die sie allmählich als Belastung empfand. Sie machte ihre Lebenslage zu Maß und Mitte ihrer öffentlichen Person. Sie ließ sich von niemandem über den Tisch ziehen, wobei ich vermute, dass das auch niemand vorhatte. Aber als Witwe musste sie aufpassen, immer den Überblick bewahren. Niemand konnte oder würde ihr beispringen. Ein effizient gelebtes Leben würde sie nicht retten, aber immerhin auf das vorbereiten, wovor sie nicht gerettet werden konnte.

Nebenbei unterstützte sie meine Frau und mich, als wir jung und frisch verheiratet waren – immer aus besonnener Distanz heraus und nur, wenn wir es brauchten. Irgendwann verkaufte sie das Haus in der Congress Street und zog zurück nach Little Rock, in das Hotel meiner Großeltern, mit denen sie geruhsam zusammenlebte, bis Bernie plötzlich starb; danach lebte sie mit ihrer Mutter in verschiedenen Wohnungen da und dort in der Stadt, während diese immer kränker wurde, irgendwann gehbehindert, dann ans Haus gefesselt, nur dankbar wurde sie nie. Mit fünfundfünfzig wurde meine Mutter wieder zur Tochter, zur Tochter einer pflegebedürftigen, reizbaren Mutter, deren »Schwester« sie einst hatte spielen sollen. Spaß machte ihr das nicht.

Die beiden hatten eine Menge Geld. Ein gutes Auto. Eine Reihe Freundinnen und Freunde – meistens verwitwet – aus derselben Schicht wie sie. Ihre Mutter legte es darauf an, sie überallhin zu »begleiten«. Sie gingen in kleinen Gruppen essen, spielten nachmittagelang Canasta, unterhielten sich am Telefon, schauten Seifenopern im Fernsehen, stritten ausführlich, langweilten sich, wurden bockig, wütend. Tranken Cocktails. Lachten über die Männer. Starrten vor sich hin. Lebten ein schönes, geruhsames Leben im Wartestand.

In dieser Zeit bestand unser Mutter-Sohn-Verhältnis vor allem daraus, was wir über das Leben des anderen wussten. Und aus Besuchen. Auch nach meinem College-Abschluss wohnten wir weit voneinander entfernt. Sie in Little Rock. Ich, dann Kristina und ich, in Michigan, Kalifornien, Mexiko, Chicago, wieder Michigan, New York, New Jersey, Vermont. Sie besuchte uns per Zug, Flugzeug oder Auto, stets bereit, uns zum Essen einzuladen oder uns Geld zu leihen. Ein Zimmer neu streichen zu lassen. Neue Reifen für unser Auto zu kaufen. Eine Arztrechnung zu bezahlen. Sich Sorgen um mich zu machen. Zuzuhören. Eine Zeitlang anwesend zu sein – wo immer wir gerade waren – als Mitglied dessen, was wir für unsere Familie hielten, und dann wieder nach Hause zu fahren. Wahrscheinlich glauben die meisten Menschen, ihre Lebensumstände seien untypisch im Vergleich zu der Mehrheit. Nicht besser. Nicht schlechter. Nur in irgendeiner Weise eigenartig. Das Leben von meiner Mutter und mir wirkte tatsächlich eigenartig. Vielleicht war es auch nur unvollkommen. Die große Entfernung zwischen uns. Ihr Alleinsein. Unsere Besuche und Abschiede. Und wir hätten nicht einmal sagen können, was *vollkommen* denn bedeutet hätte. Dass mein Vater nicht tot gewesen wäre natürlich. Aber nicht nur das.

Dieser unvollkommene Bogen von Ereignissen währte zwanzig Jahre – ihre letzten zwanzig Lebensjahre, meine zweiten, bis das, was mein Leben sein sollte, seinen Anfang und Verlauf nahm. Es hat sich nie ganz richtig angefühlt, dass ich meine Mutter während all dieser Zeit nicht öfter sehen konnte, kein Alltagsleben mit ihr hatte. Dass ich aus eigener Entscheidung weit weg von ihr lebte. Dass wir unsere Bemühungen, nach meines Vaters Tod einen Ausgleich zu finden, nicht besprechen und gemeinsam zu Ende bringen konnten. Und dass es nie mehr einen Zeitpunkt gab, an dem sich für uns das Leben wieder vervollständigte, so wie es vor seinem Tod gewesen war. Diese Unvollkommenheit durchzog alles. Deshalb weinte sie jedes Mal, wenn sie sich wieder und wieder und wieder von mir verabschieden musste. Und zwar aus genau diesem Grund. Weil das, was wir gemeinsam erlebt hatten, weitgehend alles war. Und weil es nicht genug war. Nicht genug Erfüllung, unterm Strich. Sie erzählte mir, dass eine neue Bekannte sie einmal im Aufzug ihres Wohnhauses gefragt hatte: »Haben Sie Kinder, Mrs. Ford?« Und ohne nachzudenken, hatte sie geantwortet: »Nein.« Und dann hatte sie gedacht: *Um Himmels willen, nein. Natürlich habe ich ein Kind. Richard.*

Unsere Gespräche in diesen Jahren drehten sich immer häufiger um Fernsehen, um Filme, die wir gesehen hatten oder nicht, um Bücher, die sie gerade las, um Baseball (sie war ein Fan). Johnny Bench und Jack Robinson – sie bewunderte sie beide – waren oft Thema. Nach dem Tod meiner Großmutter nahmen meine Frau und ich meine Mutter zu den World Series ins Yankee Stadium mit, wo sie die Dodgers anfeuerte, die wir nicht mochten, und sich über die Plätze beschwerte, dabei hatten wir Himmel und Hölle dafür in Bewegung gesetzt. Wir besichtigten mit ihr die Universal-Studios. Wir gingen mit ihr noch einmal ins Antoine's in New Orleans und sprachen nicht darüber, dass sie sich 1955 dort mit meinem Vater so heftig gestritten hatte. Wir fuhren mit ihr nach Kalifornien und Montreal und in den Yellowstone-Nationalpark. Nach Maine. Nach Vermont. In den Norden Michigans. Wo immer wir hinfuhren, wann immer wir sie mitnehmen konnten.

Wir beobachteten uns (sie und ich). Sie beobachtete Kristina und unsere Ehe, und ihr gefiel beides. Sie beobachtete meine ersten Schritte als Schriftsteller und unterstützte mich darin, aber sie verstand nicht, warum ich das unbedingt wollte. »Wann suchst du dir endlich eine Arbeit und legst los?«, fragte sie mich einmal, nachdem ich schon zwei Romane veröffentlicht hatte und in Princeton unterrichtete. Sie registrierte, dass Kristina und ich keine Kinder bekamen, äußerte aber keine Meinung dazu – obwohl ich mir sicher bin, dass sie mehr als eine hatte. Schweigend taxierte sie ihr Leben und ihr Leben im Zusammenhang mit unserem, und wahrscheinlich durchschaute sie nicht ganz, wie das eine das andere beeinflusste, konnte das alles aber so annehmen.

Natürlich merkte ich, dass sie älter wurde; ich wusste, ihr Leben gefiel ihr nicht besonders, aber die Fassade stimmte. Manchmal nahm sie mich frühmorgens beiseite, wenn wir etwas Zeit für uns hatten, als zwei Erwachsene, und fragte mich: »Bist du glücklich, Richard?« Und wenn ich die Frage bejahte, sagte sie immer mit warnendem Unterton: »Du *musst* glücklich sein. Das ist so wichtig.« Nicht weil sie unglücklich war, sondern weil sie wusste, wovon sie sprach.

Und so ging das Leben weiter. Nicht sinn- und ziellos. Aber auch nicht zielgerichtet. Vielleicht ist das auch typisch für die Beziehung zu älteren Eltern – die unbestimmte Wahrnehmung, dass da alles einem Ziel entgegenstrebt, dann die Erkenntnis, worum es sich unweigerlich handelt, und danach wenden wir unsere Aufmerksamkeit wieder dem zu, was gerade anliegt.

Aber ich begreife, dass ich etwas Wesentliches aus unserem Leben noch nicht klar gesagt habe – als gäbe es nicht genug Worte, nicht genug Erinnerung, um ein Leben lebendig zu machen und das auch richtig hinzubekommen. In gewisser

Weise verhielten meine Mutter und ich uns, während wir getrennt lebten, wie Leute, die sich sehr mögen und sich gern öfter sehen würden. Wie besonders enge Freunde. Aber ich muss dazusagen, dass sie sich nie eingemischt hat, sie war damit einverstanden, dass mein Leben mit Kristina ihr einen großen Teil ihrer Mutterrolle wegnahm. Ebenso muss ich betonen, dass sie sich nicht in willkürlichen, spontanen Urteilen über mein Leben erging. Ihre Besuche sah sie als willkommen an – was sie auch waren. Ja, sie sah, dass das, was sie und ich gemeinsam aus allem gemacht hatten, ganz natürlich aus dem Geschehenen hervorgegangen war, das seinerseits ganz natürlich war. Sie war immer noch keine Psychologin. Keine Lebensergründerin. Keine stets Fragende. Aber wie aufgrund irgendeiner Übereinkunft zwischen uns – vielleicht sind das die richtigen Worte – wusste sie, dass wir beide wussten: So war das Leben. Etwas anderes würden wir nicht bekommen. Als Mutter und Sohn waren wir Realisten. Wir machten das Beste aus allem und wussten das.

1973 entdeckte meine Mutter, dass sie Brustkrebs hatte. Ein so unheilvolles Ereignis, könnte man versucht sein zu sagen, folgt unweigerlich einem bestimmten Ablauf, für sie und für Menschen wie sie, mit ihrem Hintergrund und Alter (dreiundsechzig): zunächst eine Zeit des Wahrnehmens, dass da irgendetwas Anomales in ihrer Brust war – was sie mit niemandem besprechen wollte, auch mit keinem Arzt. Dann eine Zeit der Sorge, der zunehmenden Erkenntnis und Erwartung, die tatsächlich ein ganzes Jahr in Anspruch nahm. Gefolgt von einer beiläufigen Erwähnung gegenüber einer vertrauten Freundin (die in diesem Fall unverzeihlicherweise nichts unternahm). Schließlich ein aufgewühltes Geständnis gegenüber Kristina, mit der Anweisung, niemandem davon zu erzählen – mir. Wobei diese es mir natürlich erzählt, worauf wir meine Mutter schnell zum Arzt bringen, der zu Untersuchungen rät, aber, weil schon ein Jahr vergangen ist, nicht sehr hoffnungsvoll wirkt.

Von dieser kurzen, nervenaufreibenden Phase, die sich in Little Rock abspielte, habe ich noch in Erinnerung, dass sie und Kristina und ich nach jenem ersten Arztbesuch, aber noch bevor die Resultate zurückgekommen, die Eventualitäten benannt und Pläne gemacht waren, uns gemeinsam das Wochenende freinahmen. (Irgendwie muss man immer übers Wochenende warten.) Meine Mutter sollte am Montag für einen entscheidenden »Eingriff eingeliefert« werden. Aber am Samstag hielten wir es für eine gute Idee, aufs Land zu fahren, nach Atkins zur Schwester meines Vaters und zu seinen Cousinen, die sie mochte. Um sein Grab zu besuchen. Sie erzählte der Schwester – Viva – von den Untersuchungen. Und meine Tante – die deutlich älter war als meine Mutter – machte gute Miene zum bösen Spiel. Umarmte sie. Danach fuhren wir in dem Buick meiner Mutter über das flache Land am Arkansas River, das mein Großvater verloren hatte, bevor er sich umbrachte, aber wo sich keiner von uns dreien je zu Hause gefühlt hatte. Letztlich kam es nicht darauf an, wo wir waren. Wir wussten, wir hatten das Ende einer weiteren Phase erreicht, und in dieser Phase konnten wir die Menschen sein, die wir im Wissen um all das zuvor Geschehene zu sein beschlossen hatten. Das Untersuchungsergebnis würde – wieder einmal – alles ändern, und wir wollten uns nach unserer Überzeugung verhalten, dass, jawohl, all dies ein Leben ergab, dieses wendige Kommen und Gehen, diese Gesundheit, dieser Humor, diese Zuneigung, ausgedrückt in so manchem Rucken und Rumpeln, und auch diese gelegentliche Traurigkeit. Nichts würde daran etwas ändern. Im Rückblick würde es so aussehen, als wären wir während alldem doch recht lebendig gewesen.

Der Tod beginnt, lange Zeit bevor er wirklich da ist. Selbst im eigentlichen Wesen des Todes steckt Leben, das sich ausschöpfen lässt.

Meine Mutter hatte Krebs, aber wir stellten fest, dass das Leben, welches wir an jenem Wochenende bekräftigt hatten, uns weiter tragen konnte. Wir hatten noch sieben gemeinsame Jahre vor uns, aber das wussten wir damals nicht. Also kehrten wir bald zurück zu unserem üblichen Umgang. Besuche. Telefonate. Ausflüge, Freunde, Gelegenheiten. Jetzt gab es ein drängenderes Bedürfnis danach, von ihr zu erfahren, »wie es steht«, und den eisernen Willen, dass alles in Ordnung sei. Dass mit anderen Worten das Leben ein Leben sei und dass wir anerkannten, es könnte leicht auch weniger sein, sollte aber möglichst nicht weniger sein. Es *erschien uns* wie die Zeit zuvor. Nur nicht so ganz.

Meine Mutter machte das Beste aus ihren Schwierigkeiten, würde ich sagen. Sie ließ sich eine Brust abnehmen. Sie stimmte einer Bestrahlung zu, aber nicht der Chemotherapie. Sie kehrte zu ihrem Einzelgängerleben in Little Rock zurück. Alles mit einem Minimum an Angst, die sie kaum zeigte, und einem großen Anteil Stoizismus, sogar Humor – das hatte sie vor langer Zeit von den Nonnen gelernt. Sie kaufte sich eine Brustprothese und machte Witze darüber. Es war, als wären die Jahre seit dem Tod meines Vaters ein Training für schlechte Nachrichten gewesen – dafür, der Katastrophe ins Auge zu sehen. Ich glaube, sie wusste haargenau, wie sie damit umging.

Zu dieser Zeit dachte ich zum ersten Mal ernsthaft darüber nach, ob meine Mutter eventuell bei uns einziehen sollte, was sie und ich schon ausführlich durchgesprochen hatten. Schließlich wäre es nicht das erste Mal gewesen, wir verfügten über viele Erfahrungen, die uns bei der Meinungsbildung halfen. Meine Mutter hatte eine ganz klare Haltung dazu. Sie war dagegen. Solche Entscheidungen, fand sie, machten einem das Leben kaputt, verdarben die Zukunft. Sie hatte mit ihrer eigenen, unversöhnlichen Mutter zusammengelebt, was zu einer jahrelangen, unglücklichen Dürrephase führte. Gezänk. Sackgasse. Ihre Mutter hatte es ihr verübelt, sagte sie, weil sie kein Pflegefall sein mochte. Sie war noch fieser geworden. So etwas konnte nicht gutgehen, damit wollte sie nichts zu tun haben, und sie wollte mich unbedingt von der Idee abbringen. Ich stimmte zu. Wir lachten darüber, dass ich sie eines Tages im Stich lassen würde. Dass sie im Armenhaus landen würde, während ich irgendwo ganz weit weg in Saus und Braus lebte. In Frankreich. Durch Seide furzend, wie das alte Arkie-Sprichwort besagte.

Sie war eine praktische Frau. Sie traf Vorkehrungen mit einem Haus in Little Rock namens Presbyterian Village. Das würde ihr Zuhause werden, wenn sie so weit war. Sie stellte ihnen einen großen Scheck aus, reservierte einen Platz für irgendwann in der Zukunft. Sie versprachen, ihren Auftrag zu erfüllen. Meine Frau und ich sahen das als ein akzeptables, ja ein gutes Arrangement an. »Ich will von niemandes Gnade abhängig sein«, sagte meine Mutter. Und das war das.

Also kehrten wir wieder einmal zum Alltag zurück, so alltäglich es ging. Ein Leben in der Remission. Kristina und ich waren nach New Jersey gezogen. Wir hatten ein schönes Haus. Wir besuchten uns noch oft gegenseitig, wobei meine Mutter meistens zu uns kam – Nachmittage draußen in unserem schattigen Garten, Geplauder mit unseren orthodoxen Nachbarn, als wüsste sie alles über sie, Unkrautjäten in unseren Blumenbeeten. Laubrechen. Im Pavillon sitzen. Sie wirkte unversehrt. In bester Stimmung. Die Krankheit und die Möglichkeit weiterer Krankheit hatten sie dazu gebracht, das Leben entschiedener beim Schopf zu packen. Sie wollte mehr unternehmen. Hawaii bereisen. Auf Kreuzfahrt gehen. Sie besuchte jetzt auch wieder regelmäßiger den Gottesdienst. Wurde Diakonin. Sie fand neue, jüngere Freunde. Wir hörten ihre Namen. Blanche. Herschel. Mignon. Louise. Leute, denen wir nie begegneten, aber die tranken und lachten und sie mochten und von ihr gemocht wurden. Im Geist sah ich sie vor mir. Laute, sympathische Südstaatler.

Jetzt bemaß sich das Jahr von einer ärztlichen Untersuchung zur nächsten, immer im späten Winter, bald nach meinem Geburtstag. Jedes Jahr gab es nach einer Phase der Sorge gute Nachrichten. Und jedes Jahr konnten wir feiern und dem Aufschub nachspüren.

Ich will damit nicht sagen, dass wir drei unser Leben nur in Erwartung des Todes und durch diese Brille gesehen verbrachten. Für sie galt das auf keinen Fall. Doch die Freude des Überlebens war von der bangen Gewissheit überschattet, dass man nicht überleben kann. Und jeder, der früh ein Elternteil verloren hat, kann gar nicht anders, als sein Leben lang damit zu rechnen, dass der andere Elternteil tot umfällt oder dass es langsam zu Ende geht. Während dieser Tage und kurzen Jahre las ich den Tod meiner Mutter aus fast allen ihren Lebensbekundungen heraus. Ich suchte nach den Zeichen ihrer Krankheit. Lauschte ihren Klagen nur zu aufmerksam. Und plante ihren Tod voraus, tief in meinem ganzen Entsetzen davor – ich nahm ihn schon früh an, damit er mich nicht völlig niederwerfen würde, wenn es so weit war.

Es fing mit Rückenschmerzen an. Wann genau, will mir nicht mehr einfallen. Vielleicht im Winter 1980 – sechs Jahre nach ihrer Operation. Sie kam zu uns nach New Jersey, und irgendetwas war schiefgelaufen. Sie war einundsiebzig, aber jetzt war der Schmerz in ihr Leben getreten. Sie sah zermürbt aus, vom Schmerz unterwandert – dabei war es ihr noch kurz zuvor gutgegangen. Sie war bei ihren Ärzten in Little Rock gewesen, aber die hatten gemeint, das hätte alles nichts mit dem Krebs zu tun. Rückenprobleme. Verschleiß. Sie flog von Princeton aus nach Hause, aber im Sommer waren die Schmerzen schlimmer geworden. Ich rief sie an, das Telefon klingelte lange, und dann kam sie mit schwacher, kaum hörbarer Stimme an den Apparat. »Ich habe Schmerzen, Richard«, sagte sie mir, wo immer ich in dem Moment gerade war. »Vom Arzt bekomme ich irgendwelche Pillen. Aber die wirken nicht zuverlässig.« »Ich komme zu dir«, sagte ich ihr. »Nein. Das wird schon«, sagte sie dann. »Du hast viel zu tun.« So schaffte es der Sommer an uns vorbei, und der Herbst setzte ein.

Ich fing an, in Massachusetts zu unterrichten. Und dann bekam ich eines Morgens einen Anruf. Es wurde gerade hell. Ich wusste nicht, warum irgendjemand einen um diese Uhrzeit anrufen sollte – es sei denn, es ginge um Leben und Tod, aber das erschien mir unmöglich. Meine Mutter sei gestern Abend ins Krankenhaus gekommen, teilte mir eine Krankenschwester aus Little Rock mit – per Krankenwagen. Mit schlimmen Schmerzen. Und nach ihrem Eintreffen habe ihr Herz ausgesetzt, allerdings nur kurz. Jetzt gehe es ihr wieder besser, versicherte mir die Schwester. Ich sagte, ich würde noch am selben Tag kommen, eine Vertretung für meinen Unterricht suchen, zum Flughafen in Albany fahren. Und das tat ich auch.

In Little Rock war Sommer. Ein heißer September. Ein Freund meiner Mutter, ein Mann namens Ed Lingo – Louises Mann, wie sich herausstellte –, holte mich ab und fuhr mich hin. Es ging an alten Gebäuden vorbei, über Bahngleise und den Arkansas River, vorbei an dem Ort, wo das Hotel meiner Großeltern gestanden hatte – inzwischen war es weg, eingestürzt. Ed Lingo fühlte sich bemüßigt, mich zu beraten. Gut ausgehen könne das nicht, sagte er. Meine Mutter sei in einem schlechteren Zustand, als ich wohl wisse, sie habe tagelang die Wohnung nicht verlassen. Den ganzen Sommer habe sie im Bett gelegen, sagte er. Ich müsse mich darauf vorbereiten. Auf ihren Tod.

Aber was er mir voraussagte, war mehr als ihr Tod. Das Leben – vor allem ihres, aber auch unseres – gehe jetzt in eine neue Kategorie über. Man konnte solche Ereignisse begreifen, wollte er sagen, sprach es nur nicht genau so aus, sich gegen sie zu stemmen aber sei hoffnungslos, vielleicht unnatürlich. Das alles werde jetzt zu etwas, das *eben passiert*. Unvermeidlich. Besser, man sehe es auch so.

Und das versuchte ich dann wohl. Unsere Autofahrt quer durch die Stadt zum Krankenhaus ging über eine Demarkationslinie. Ein Mann, den ich kaum kannte, machte mir Vorschläge, wie ich eine Menge wichtiger Dinge betrachten solle; meine eigene Mutter, mein Leben, meine Zukunft. Vorschläge, dass ich mich selbst anders betrachten solle. Zurückstehen. Weil das besser sei.

Solche Augenblicke kann man leicht falsch auffassen, aber dann ist man auch selber schuld.

Meiner Mutter hingegen ging es tatsächlich besser. Aber etwas Ungewöhnliches hatte sich ereignet. Ihr Herz war nämlich komplett stehengeblieben. In ihren Lungen herrsche Blutandrang, erklärte mir der Arzt und erklärte es ihr in meinem Beisein. Er war ein kleiner junger Mann mit Locken und blitzenden Augen. Dr. Wilson. Ein Mann der leisen Töne. Er mochte meine Mutter. Alle mochten meine Mutter. Er erinnerte sich daran, wie sie ausgesehen hatte, als sie zum ersten Mal zu ihm gekommen war, was jetzt Jahre zurücklag. »Gesund.«

Doch hier in ihrem Krankenzimmer setzte er sich mit den Akten hin und verkündete uns beiden noch schlechtere Nachrichten. Eigentlich nur die üblichen schlechten Nachrichten. Er hatte weitere Untersuchungen durchgeführt, und die Ergebnisse waren nicht gut. Er sei, sagte er, verwirrt über den Verlauf einer Krankheit, über die er vermeintlich alles wusste. Die Rückenschmerzen jedenfalls seien auch Krebs. Sie werde sterben, auch wenn er nicht sagen könne, wann. Irgendwann im nächsten Jahr, vermutete er. Den Gedanken an Heilung schien es nicht zu geben. Ich weiß, dass es ihm leidtat, das zu wissen und sagen zu müssen. Vielleicht war es für ihn noch schwerer als für uns – allerdings nur an dem einen Tag.

Ich weiß nicht mehr richtig, was wir zu ihm sagten. Bestimmt stellten wir sehr gute Fragen, denn wenn es hart auf hart kam, konnten wir beide gut damit umgehen. Ich kann mich nicht daran erinnern, dass meine Mutter weinte oder auch nur geschockt wirkte. Ich weinte nicht. Wir wussten beide, was diese Nachricht in ihrem Ausmaß bedeutete. Nämlich, unter anderem, die Beendigung einer langen Ungewissheit. Ich kann mir nicht vorstellen, dass wir nicht beide, jeder auf seine Weise, eine Erleichterung verspürten – als wäre eine müde alte Neugier befriedigt worden und jetzt kämen neue Neugierden ins Spiel. Mit der naheliegenden Frage – wie ernst ist das alles? – ist man schnell durch: Es entspricht den schlimmsten Befürchtungen. Aber diese Erleichterung ist ein seltsames und überhaupt nicht naheliegendes Gefühl. Ich frage mich, ob Ärzte wissen, wie instinktiv sie ist.

Und doch änderte sich durch diese Nachricht kaum etwas. Die Alltagsnormalität hat Überzeugungskraft im Übermaß. Weniger als das normale Leben hinzunehmen, wenn weniger nicht gerade überwältigend ist – das ist für manche Menschen nicht hinnehmbar.

Meine Mutter und ich sprachen alles immer wieder durch. Als sie aus dem Krankenhaus entlassen wurde, begleitete ich sie und blieb noch ein bisschen – so habe ich es in Erinnerung –, bevor ich nach Massachusetts zu meiner Arbeit zurückkehrte. Wir machten Pläne für den nächsten Besuch. Sobald sie wieder bei Kräften war, würde sie zu mir in den Norden kommen. Das war unsere Vorstellung von Zukunft, auch wenn sie uns nicht ausreichte.

Ich unterrichtete weiter, sprach fast jeden Tag mit ihr, obwohl der Gedanke, dass es ihr zunehmend schlechter ging, dass da etwas Übles lief, das ich nicht aufhalten konnte, manchmal dazu führte, dass ich versäumte anzurufen. Ganz schnell kippte diese Zeit für mich ins Grässliche, durch dieses Gefühl, dass das Leben auf eine Katastrophe zurutschte.

Während dieser Zeit – September – war sie nicht im Krankenhaus, aber sie bekam dort Bluttransfusionen, die ihren Zustand zwar kurzfristig verbesserten, aber doch etwas Unheilvolles an sich hatten. Ich weiß, dass sie etwas mit ihren Freunden unternahm. Leute einlud. So lebte, als ginge das Leben weiter. Und dann, Anfang Oktober, kam sie zu mir. Ich fuhr nach Albany, holte sie ab und fuhr mit ihr in mein gemietetes Haus in Vermont. Es war neblig. Das meiste Laub war schon gefallen. Im Haus – einer alten umgebauten Scheune – war es hell und heiter, aber kalt. Zum Abendessen führte ich sie nach Bennington aus, nur zum Aufwärmen. Sie sagte, sie habe für die Reise noch eine Transfusion bekommen und wolle bleiben, solange die gute Wirkung davon anhalte oder bis sie wieder schwach werde – falls es dazu käme.

Und daran hielten wir uns. Auch eine Art Regelmäßigkeit. Ich fuhr zum Campus, arbeitete, kam abends nach Hause. Sie blieb mit meinem Hund in dem großen Haus. Las Bücher und Zeitschriften. Machte sich mittags etwas zu essen. Schaute zu, wie die Dodgers (diesmal) die Yankees schlugen. Schaute zu, wie Sadat umgebracht wurde. Schaute aus dem Fenster. Abends redeten wir – nie über ernste, beunruhigende Dinge. Mit Kristina, die in New York arbeitete und am Wochenende zu uns pendelte, unternahmen wir Ausflüge über Land, schauten uns Antiquitäten an, luden Gäste ein, lebten zusammen, wie wir es über die Jahre an allen möglichen Orten getan hatten. Ich wusste nicht, was wir sonst tun sollten, wie man solch eine Zeit sonst verbringen sollte.

An einem sonnigen Tag Anfang November, als sie seit drei Wochen bei mir wohnte und uns allmählich der Gesprächsstoff und die Ausflugsziele ausgingen, setzte sie sich neben mich aufs Sofa und sagte: »Richard, ich weiß nicht, wie lang ich noch alleine klarkommen werde. Tut mir leid. Aber so sieht's aus.«

»Macht es dir Sorgen?«, fragte ich.

»Na ja«, meinte meine Mutter, »schon. Das Presbyterian

Village hat mich erst ab nächstes Jahr eingeplant. Und ich weiß nicht recht, ob ich es noch bis dahin schaffe.«

»Was wäre dir denn am liebsten?«, fragte ich.

Da wandte sie den Blick ab, aus dem Fenster, Richtung Tal, wo die Bäume kahl standen und der Nebel weiterzog. »Ich weiß es nicht genau«, sagte sie.

»Vielleicht geht es auch wieder aufwärts«, sagte ich.

»Tja. Ja. Vielleicht. Unmöglich ist das wohl nicht«, sagte sie.

»Ich halte es für möglich«, sagte ich. »Wirklich.«

»Na. Okay«, sagte meine Mutter.

»Falls nicht«, sagte ich, »falls du bis Weihnachten das Gefühl hast, du schaffst nicht mehr alles allein, dann kannst du bei uns einziehen. Ich gehe zurück nach Princeton. Da kannst du wohnen.«

In dem Augenblick sah ich in den Augen meiner Mutter ein Licht. Eine Art Licht jedenfalls. Anerkennung. Zugeständnis. Bereitwilligkeit. Eine andere Art Aufschub.

»Bist du dir da sicher?«, fragte sie und sah mich unsicher an. Sie hatte sehr braune Augen.

»Ja«, sagte ich, »ganz sicher. Du bist meine Mutter. Ich hab dich lieb.«

»Na«, sagte sie und nickte, atmete ein, atmete aus. Keine Tränen. »Dann denke ich also in diese Richtung. Was meine Möbel betrifft, mache ich schon mal Pläne.«

»Ja, aber warte erst mal«, sagte ich. Und diesen Satz, mehr als alle anderen Sätze, die ich je gesagt habe, würde ich so gern zurücknehmen. Hätte ich diese Worte nur nie gesagt, nie gehört. »Mach noch keine Pläne«, sagte ich. »Vielleicht geht es dir bis dahin wieder besser. Vielleicht musst du ja gar nicht nach Princeton kommen.«

»Oh«, sagte meine Mutter. Und was immer plötzlich ein Licht in ihre Augen gebracht hatte, verschwand ebenso plötzlich wieder. Und ihre Sorgen setzten wieder ein. Was zwischen jetzt und später liegen mochte, erhob wieder sein Haupt. »Ich verstehe«, sagte sie. »Ist gut.«

Ich hätte das nicht zu sagen brauchen. Ich hätte sagen können: »Ja, mach deine Pläne. Egal, wie sich alles entwickelt, es wird gut. Ich kümmere mich darum.«

Aber das sagte ich nicht. Stattdessen lenkte ich das Gespräch auf etwas anderes, eine andere Zukunft, und zumindest im Rückblick weiß ich, welche Zukunft das war. Ich glaube, sie auch. Man könnte sagen, dass ich in jenen Tagen mitangesehen hatte, wie sie dem Tod ins Auge blickte, der sie über ihre Grenzen hinaus bedrängte und fast umbrachte, ich fürchtete ihn selbst, fürchtete alles, was ich wusste, und klammerte mich beharrlich an die Chance ihres Überlebens. Oder man könnte sagen, ich erkannte etwas viel Wahrscheinlicheres. Das werde ich nie genau wissen. Aber eins steht fest: Was immer wir danach füreinander hätten tun können, zog in diesem Moment an uns vorbei und war weg. Auch zusammen waren wir wieder einmal allein.

Was noch blieb, ist schnell erzählt. Nach ein oder zwei Tagen fuhr ich sie nach Albany zurück. Es sei ihr zu kalt in meinem Haus, sagte sie. Sie werde gar nicht mehr richtig warm, zu Hause in Little Rock würde es ihr bessergehen. Obwohl es für sie damals nirgendwo warm genug war. Sie sah blass aus. Als ich sie kurz vor ihrem Gate zurückließ, weinte sie, stand auf und sah mich durch den langen Korridor fortgehen. Sie winkte. Ich winkte. Da sah ich sie zum letzten Mal so. Aufrecht. In der Welt. Das wussten wir nicht. Aber wir wussten, dass etwas auf uns zukam.

Und binnen sechs Wochen war sie tot. Nach Princeton schaffte sie es nicht mehr. Alles, was nicht in Ordnung war mit ihr, übernahm einfach das Ruder. »Mein Körper hat mich im Stich gelassen«, an diesen Satz von ihr erinnere ich mich noch. Und an »Jetzt sind meine Chancen gleich null.« Damit hatte sie recht. Ich kam nach Little Rock, um bei ihr im Krankenhaus zu sitzen, sie ein bisschen aufzuheitern, ihr ins Gedächtnis zu rufen, was wir gemeinsam unternommen hatten, mit ihr über meinen Vater zu sprechen, ich bat sie, einige Lücken der Vergangenheit zu schließen – ihrer, seiner, ihrer gemeinsamen –, mir Dinge zu erzählen, die ich nicht wusste, aber das lehnte sie ab, während sie immer weiter wegglitt in einen langen, ruhigen Schlaf, der eines Tages nicht mehr aufhörte. Als Tote habe ich sie nie gesehen. Das wollte ich nicht. Ich glaubte es dem Krankenhaus, als früh an einem Dezembermorgen, kurz vor ihrem Geburtstag, eine Schwester anrief.

Aber im Laufe jenes Herbstes habe ich immer wieder gesehen, wie sie dem Tod ins Auge blickte. Und deshalb glaube ich heute, dass das Mitansehen, wie jemand voll Würde und Mut dem Tod ins Auge blickt, keineswegs diese beiden Eigenschaften überträgt – nur Mitleid, Hilflosigkeit und Angst. Und alles Weitere gehört ganz einfach zur Intimsphäre – all die Momente und Botschaften, von denen die Welt nicht zu erfahren braucht.

Hat man je eine »Beziehung« mit seiner Mutter? Ich glaube nicht. Wir – meine Mutter und ich – waren nie durch besonders stereotypische Faktoren miteinander verbunden, nicht Pflichtgefühl, Bedauern, Schuld, Peinlichkeit oder Etikette. Die Liebe, die nie stereotypisch ist, beschirmte alles, wir gingen davon aus, dass sie verlässlich sei, und sie war es. Wir konnten jederzeit sagen »Ich hab dich lieb«, als käme irgendwann eine Zeit, in der sie das gern hören würde, oder ich, oder in der wir beide gern hören würden, wie wir es zu dem anderen sagten – nur dass es dann aus irgendeinem Grund unmöglich wäre. Was es auch war.

Meine Mutter und ich sehen uns ähnlich. Große, hohe Stirn. Gleiches Kinn, gleiche Nase. Man kann es auf Fotos sehen. In mir sehe ich sie, in meinem Lachen höre ich ihres. In ihrem Leben gab es keinen besonderen Glanz, keine Berühmtheit. Nichts Heldisches. Nicht eine krönende Leistung, die einem die Brust schwellen ließe. Genügend üble Dinge gab es: eine Kindheit, die sich der genauen Erinnerung entzog; einen Ehemann, den sie für immer liebte und verlor; darauf folgend ein Leben, das nicht groß kommentiert werden muss. Aber irgendwie schaffte sie Möglichkeiten für meine tiefsten Wünsche, so wie es große Literatur für ihre Leser tut. Und ich habe den Moment mit ihr erlebt, den wir uns alle wünschen, den Moment, in dem man sagt: *Ja. Genauso ist das.* Einen Moment der Bewusstwerdung, der die Endlichkeit des Lebens und seinen wahrsten Wert bestätigt. Das habe ich erlebt. Solche Momente habe ich jede Menge mit ihr erlebt, in dem Augenblick, als sie sich zutrugen, und genau jetzt auch. Sie werden mir wohl für immer bleiben.

Nachwort

Wie ich zu Anfang sagte: Die beiden Porträts meiner Eltern wurden in einem Abstand von dreißig Jahren geschrieben. Der Text über meine Mutter entstand recht bald nach ihrem Tod 1981. Den anderen habe ich erst vor kurzem geschrieben, fünfundfünfzig Jahre nachdem mein Vater 1960 starb. Ich habe sie in diese Reihenfolge gestellt, weil Aufzeichnungen und geteilte Erinnerungen, die das Leben meines Vaters betreffen, weiter in die Vergangenheit reichen als bei meiner Mutter; ihr Leben dagegen reicht viel weiter an die Gegenwart heran. Wie lang ihr Leben miteinander und ihr Leben mit mir gedauert hat, wie lang meine Mutter noch allein weitergelebt hat, bildet sich, glaube ich, besser ab, wenn man meinem Vater zuerst begegnet, dann meiner Mutter.

Audens Gedicht *Musée des Beaux Arts* habe ich immer für seine weise Einsicht bewundert, dass die wichtigsten Augenblicke des Lebens oft von anderen kaum oder gar nicht bemerkt werden. Auden betrachtet Brueghels Gemälde *Der Fall des Ikarus*, auf dem man sieht, wie sich Ikarus nach seinem Absturz im Meer abstrampelt – und die Bauern, die unweit an Land ihre Felder pflügen, bemerken sein Schicksal gar nicht. »Katastrophen, wen kümmern die groß«, schreibt Auden resigniert (in Wolf Biermanns Übersetzung). In der Kombination bieten beide, Gemälde und Gedicht – mit Pathos und Ironie gereimt –, ihre Vision als zeitlose Wahrheit über das Leben dar: Oft bemerkt uns die Welt nicht. Diese Einsicht war mir bei fast allem, was ich im Laufe von fünfzig Jahren geschrieben habe, ein entscheidender Antrieb. Mein Leben stand, wie das der meisten Schriftsteller, im Zeichen des Wahrnehmens und Bekundens.

Die Tatsache, dass Leben wie Tod oft unbemerkt bleiben, hat dieses kleine Buch über meine Eltern ganz besonders angeregt und ihm das Ziel gesetzt. Das Leben unserer Eltern, auch wenn es im Dunkeln liegen mag, vermittelt uns erstmalig die starke Sicherheit, dass menschliches Tun Folgen hat. Da sind wir nun. Die Zukunft ist unvorhersehbar und risikoreich, aber das Leben unserer Eltern bringt uns ins Spiel und hebt uns zugleich von den Mitspielern ab. Meine eigene Überzeugung, dass es dem gelebten Leben letztendlich an Transzendenz fehlt, lenkt die Gedanken immer zu meinen Eltern. In schweren Momenten erlebe ich oft, selbst so lange nach ihrem Tod, noch die reinste Sehnsucht nach ihnen, ganz real. Über sie zu schreiben, mich nicht abzuwenden dient also nicht nur dazu, meine Sehnsucht nach ihrer Gegenwart zu stillen, indem ich sie mir ganz nah vorstelle, sondern soll auch auf ihre Lebensgegenwart verweisen, denn darin liegt meiner Ansicht nach ihre Bedeutsamkeit.

Habe ich gehofft, meinen Eltern etwas Nachhaltiges zu verleihen? Eine größere Bedeutsamkeit, als der erste Blick nahelegt? In den Händen eines anderen Sohnes könnte ein Memoir genau das leisten – den Versuch, eine zusätzliche

»Dimension« sichtbar zu machen, die zuvor nicht offensichtlich war. Ich hingegen habe das Gegenteil versucht, nämlich gerade keine großen Behauptungen und Ansprüche für meine Eltern in den Raum zu stellen. Wenn überhaupt, war ich vorsichtig, um mit meinem Erzählen von ihnen und ihrem Einfluss auf mich nicht zu verzerren, wer sie waren. So habe ich versucht, so gut ich konnte, nur darüber zu schreiben, was ich tatsächlich weiß und nicht weiß. Schließlich bestanden meine Eltern nicht aus Worten. Sie waren keine literarischen Instrumente im Einsatz für etwas Größeres. Nachhaltigkeit war ihnen und ihrer Selbsteinschätzung fremd, so scheint mir. Wer meine Eltern gekannt hätte, wäre bestimmt mit Leichtigkeit zu einem anderen Bild von ihnen gekommen als ich. Ich hoffe nur, dass sie durch mein Schreiben einfach erkennbar werden als die zwei Menschen, die sie meiner Behauptung nach waren. Letztendlich wünsche ich mir am meisten, dass die Darstellung meiner Eltern Vorstellungen beim Leser erzeugt, die ihnen gerecht werden und vielleicht auch über sie hinausgehen.

Ich habe keine Kinder, und was ich von Kindern und Kindheit und Elternschaft weiß, beziehe ich fast vollständig daher, der Sohn meiner Eltern gewesen zu sein. Fast jedes Kind, so glaube ich, wird, sofern es nicht völlig ich-bezogen ist, seine Eltern als zwei verschiedene Menschen wahrnehmen – verschieden voneinander und von ihm selbst. Deshalb konnte ich mir auch nicht vorstellen, über meine Eltern als »elterliche Einheit« zu schreiben, nur als zwei individuelle Persönlichkeiten, anders ging es gar nicht. Allerdings war ich nicht auf die Wahrnehmung gefasst, dass sie in ihrer Zweisamkeit auch allein waren. Denn das stimmt, wie nah sie einander auch waren, das sahen sie selbst genauso. Vermutlich geht es allen Eltern ähnlich mit dieser allgemeinmenschlichen Erfahrung. *Zwischen ihnen*, der Titel dieses Buches, soll unter anderem ausdrücken, dass ich mit meiner Geburt auf einmal wortwörtlich zwischen ihnen stand, an einem virtuellen Ort, wo ich geschützt und geliebt wurde, solange sie lebten. Andererseits soll er auch ihr unabänderliches Alleinsein abbilden – als Eheleute und als meine Eltern.

Wenn ich nach meiner Kindheit gefragt werde, sage ich immer, dass sie wunderbar war, dass ich wunderbare Eltern hatte. Daran hat sich durch dieses Buch nichts geändert. Mir ist allerdings klargeworden, dass innerhalb des Bannkreises von »wunderbar« alles, was besonders vertraut, bedeutsam, befriedigend und für meine beiden Eltern unabdingbar war, sich fast ausschließlich *zwischen ihnen* abspielte. Dieser Erkenntnis ins Auge zu blicken hat für einen Sohn nichts Unglückliches. In mancherlei Hinsicht ist es ermutigend, denn in dem Wissen darum liegt für mich ein hoffnungsvolles Geheimnis des Lebens bewahrt – die Verheißung, dass selbst bei größter Aufmerksamkeit vieles geschieht, was wir nicht begreifen.

Mittlerweile bin ich länger auf der Welt als mein Vater oder meine Mutter. Es lebt fast niemand mehr, der sie kannte. Und so bin ich der Einzige, der diese Geschichten kennt und diese Erinnerungen bewahren kann – bis jetzt zumindest. Wenn ich, nachdem ich über meine Eltern geschrieben habe, an sie denke, fällt mir vieles ein, was sie in meiner Gegenwart sagten und taten und bewirkten und wovon ich hier nichts erzählt habe. Zum Beispiel, warum ich nach dem Tod meines Vaters nicht weinen konnte und wie diese Tatsache mein Leben noch lange danach beeinflusste. Oder wie ich mir das schwierige, komplexe Aufwachsen meiner Mutter in der Nähe ihres schillernden, aber auch querköpfigen Stiefvaters vorstelle. Diese beiden Aspekte führen eher von meinen Eltern weg, statt ein deutlicheres Bild von ihnen zu liefern. Ich kann allerdings versichern, dass ich nichts aus Gründen der Diskretion oder Schicklichkeit weggelassen habe, sondern eher weil mir die eine oder andere Erinnerung nicht relevant genug vorkam oder sie das wahrheitsgemäße Gleichgewicht, an dem mir sehr liegt, gefährdet hätte. John Ruskin hat geschrieben, Komposition sei das Arrangieren ungleicher Dinge. Wenn man also Erinnerungen aufschreiben will, lautet die Aufgabe, eine Form und Ökonomie des Erzählens zu finden, die den vielen ungleichen Dingen in einem Leben eine getreuliche, verlässliche, zuweilen auch drastische Schlüssigkeit verleiht. Der Mensch, das habe ich schon öfter gesagt, ist so viel mehr, als irgendwer je erzählen könnte. Was mein langes Leben ohne meine Eltern betrifft, kann ich nur sagen, ich bedauere es zwar sehr, dass ich sie nur so kurz in meiner Nähe hatte, aber die größere Ungerechtigkeit wurde ihnen angetan, weil sie das Leben zu früh verlassen mussten, noch bevor sie die Chance hatten, seiner überdrüssig zu werden.

Neulich sagte mir ein Freund, das Leben meiner Eltern – das Sie gerade lesend kennengelernt haben – erscheine ihm traurig. Abgesehen davon, wie relativ kurz es war, kann ich das nicht finden, und ich glaube, auch sie selbst hätten nicht die Traurigkeit als das typische Wesensmerkmal ihres Lebens bezeichnet. Natürlich kam sie vor. Aber während sie zusammen waren, auch während wir zu dritt waren (oftmals genau deshalb), erschien ihnen ihr Leben besser, glaube ich, als jedes andere, das sie hätten erwarten können, wenn man bedenkt, wie und wo sie es begonnen hatten. Inwiefern »besser«, das habe ich unter anderem versucht deutlich zu machen. Das Schreiben dieser beiden Erinnerungstexte versetzte mich in ein Hochgefühl – ganz anders als ich es in Anbetracht meiner oft so starken Sehnsucht nach ihnen erwartet hätte. Ich hatte das Glück, dass meine Eltern sich liebten und aus dem Schmelztiegel dieser großen, fast unvorstellbaren Liebe heraus auch mich liebten. Wie immer führt Liebe zu den unterschiedlichsten Formen von Schönheit.

Und zu guter Letzt muss ich, wenn ich die Beweggründe für das Schreiben eines Memoirs aufliste, natürlich auch auf das eingehen, was mit mir zusammenhängt. Unter all das Gesagte mischen sich meine Bedürfnisse, meine Absichten, meine Einschätzung des richtigen Augenmaßes und der Kontinuität zwischen heute und damals, und mein Drang, das Ich von damals, als meine Eltern lebten, mit dem Ich von heute, Jahrzehnte nach ihrem Tod, übereinzubringen. Der Memoirenschreiber ist niemals nur der Erzähler der Geschichten anderer Leute, er ist auch eine Figur in diesen Geschichten. Wenn ich also lange nach ihrem Tod über meine Eltern schreibe, decke ich unweigerlich auch Leerstellen, Scheitern,

Schwächen, Risse und Abwesendes in mir auf, Unzulänglich-keiten, die das Erzählen selbst vielleicht richtigzustellen oder zu kaschieren versucht, am Ende aber womöglich nur frisch bloßgelegt und hinterlassen hat, Abwesendes, das durch kein Ausmaß an Leben und wahrhaftigem Erzählen völlig ausge-glichen oder verborgen werden kann. Das muss ich anneh-men. Doch wenn ich mich jetzt einem Leben zuwende – dem eigenen oder dem anderer Menschen –, registriere ich jedes Mal mit Staunen inmitten des Ansturms der vergange-nen und gegenwärtigen Ereignisse, wie fern mir das alles ge-rückt ist. Das Abwesende erscheint allgegenwärtig und be-drängend. Doch während ich das einräume, kann ich es nicht als Verlust oder auch nur bedauerliche Tatsache stehenlassen, denn letzten Endes ist das Leben nun einmal so – und auch diese bleibende Wahrheit müssen wir anerkennen.

Richard Ford

Danksagungen

Meinen Freunden Geoffrey Wolff, Blake Morrison, Michael Ondaatje, Joyce Carol Oates sowie der unvergleichlichen Eudora Welty bin ich großen Dank schuldig. Sie alle haben so mitreißend über ihre Eltern geschrieben, dass ich ihnen nacheifern wollte, in der Erkenntnis, dass ein solches Schreiben möglich und vielleicht sogar nützlich sein kann.

Außerdem möchte ich gern den Mitgliedern meiner Familie Tribut und Dank zollen, den lebenden wie den dahingegangenen, die mir über die Jahre und manchmal wider Erwarten gezeigt haben, dass ich zu einer großen, liebevollen Familie gehöre. Dazu gehören meine verstorbene Tante Viva Haney; meine Cousinen Elizabeth Fay und Carrol Wayne Norris; meine Cousins und Cousinen Emmott Carrol und Bobbie Jean Haney sowie Jim und Barbara Horton; und Euleta und W. J. Bowden, ebenfalls Cousine und Cousin, zwei entfernter verwandte, leider verstorbene und wunderbare Menschen; ihre Tochter Mary Prewitt, deren Mann, Dr. Taylor Prewitt, und ihr gemeinsamer Sohn Kendrick und seine Frau Dr. Lindsey Prewitt. Dann, nicht zu vergessen, die Gibson-Mädels, Elizabeth Hickman, Margaret Helen Cheek und Bessie Fengler, die über lange Jahre eine liebevolle Freundschaft mit meiner Mutter, mit Kristina und mir gepflegt haben.

Liebevoll erinnere ich mich an meinen verstorbenen Onkel Buster – S. E. Shelley –, der eines Tages von sich aus auf den Plan trat.

Dankbar bin ich Inge Feltrinelli, Carlo Feltrinelli und Tomas Maldonado, die mir großzügig ein Zimmer und einen Tisch in Villadeati zur Verfügung stellten, damit ich dieses Buch dort beenden konnte.

Ich möchte auch Dale Rorhbaugh, Bridget Read, Leisha MacDougall und Jennifer Field danken, für ihren Scharfsinn und ihre Freundschaft, beides unverzichtbar und für mich da, wenn ich es brauchte.

Außerdem bedanke ich mich bei meinem treuen Freund Daniel Halpern, der dieses Buch einfühlsam und stilvoll lektoriert hat. Amanda Urban möchte ich für die Jahrzehnte nie versiegender, nie uninspirierender und liebevoller Freundschaft danken – die andauert. Mein Dank gilt auch Patricia Towers, die mich vor langer Zeit ermutigt hat, über meine Mutter zu schreiben. Unvermindert dankbar bin ich Ben Wilson, Dr. med., für seine Empathie, seine Offenheit und seinen ungewöhnlichen Anstand vor nunmehr vielen Jahren.

Und schließlich danke ich Kristina Ford – für einfach alles.

RF